Die Zukunft des Clearing und Settlement

ILFS

Institute for Law and Finance Series

Edited by

Theodor Baums
Andreas Cahn

De Gruyter Recht · Berlin

Die Zukunft des Clearing und Settlement

Herausgegeben von

Theodor Baums
Andreas Cahn

W DE G
RECHT

De Gruyter Recht · Berlin

♾ Gedruckt auf säurefreiem Papier,
das die US-ANSI-Norm über Haltbarkeit erfüllt.

ISBN-13: 978-3-89949-319-1
ISBN-10: 3-89949-319-2

Bibliografische Information Der Deutschen Bibliothek

Die Deutsche Bibliothek verzeichnet diese Publikation in der Deutschen Nationalbibliografie; detaillierte bibliografische Daten sind im Internet über <http://dnb.ddb.de> abrufbar.

Umschlaggestaltung: Christopher Schneider, Berlin
Datenkonvertierung/Satz: jürgen ullrich typosatz, Nördlingen
Druck und Bindung: Hubert & Co., Göttingen

Printed in Germany

Vorwort

Eine Depotkundin stellte an mich die Frage: „Anscheinend handelt es sich beim Sammeldepot um eine recht verwickelte Angelegenheit?“ Ich antwortete mit folgendem Beispiel: „Denken Sie sich, Ihnen und Ihrer Flurnachbarin werden je 5000 Kohlenbriketts angeliefert und es fehlt Ihnen beiden an Kellerraum. Der Hauswirt erbietet sich, die 10.000 Briketts in seinem Kohlenkeller einzulagern und von diesem gemeinsamen Vorrat jeder von Ihnen bis zu 5000 Stück Briketts auf Verlangen auszuhändigen. Sie finden diese Lösung herrlich, haben mit ihrer Nachbarin zusammen einen gut verwahrten Vorrat von 10.000 Briketts; jeder von Ihnen gehört die Hälfte davon, und Sie sind jederzeit in der Lage, ihren Anteil von 5000 Stück je nach Bedarf ganz oder teilweise abzurufen. So liegt das auch beim Wertpapier-Sammeldepot.“ Hierauf die Depotkundin: „Na, das ist aber doch recht einfach. Und darüber zerbrecht Ihr Juristen Euch die Köpfe?“ Ich konnte nur entgegnen: „Ja, Wertpapiere sind schließlich eben keine Briketts.“

Mit dieser Anekdote eröffnete *Georg Opitz*, einer der juristischen Wegbereiter des deutschen miteigentumsrechtlichen Konzepts der Sammelverwahrung, am 4. Februar 1927 einen Vortrag zum Thema „Der stückelose Effektenverkehr, ein Gegenstück zum bargeldlosen Zahlungsverkehr“ an der Universität Frankfurt am Main.[1] Und bekräftigend fügte er sogleich hinzu, dass das Wertpapiersammeldepot in der Tat seiner Grundidee nach vergleichsweise simpel, als juristisches Problem aber „nicht so ganz einfach“ sei. *Wertpapiere sind keine Briketts.* Auch wenn gepresste Kohle im Laufe der Zeit von anderen Energieträgern verdrängt worden ist, bringt diese Aussage nach wie vor treffend zum Ausdruck, dass die Verwahrung von Kapitalmarktpapieren durch Intermediäre („mediatisierte Wertpapierverwahrung“) und die Abwicklung von Wertpapiergeschäften über sog. Clearing- und Settlementsysteme eines spezifischeren und stabileren Rechtsrahmens bedürfen als die Verwahrung schlichter Verbrauchsgüter. Man dürfte nicht fehlgehen mit der Behauptung, dass sich die Regelungen des Depotgesetzes 1937 über die Girosammelverwahrung und den Effektengiroverkehr in der Praxis im Großen und Ganzen bewährt haben. Nicht bestreiten lässt sich aber auch, dass sich das deutsche Depotrecht infolge der zunehmenden Vernetzung der Kapitalmärkte und der daran anknüpfenden Harmonisierungsinitiativen

1 Abgedruckt in *Opitz*, Fünfzig depotrechtliche Abhandlungen, 1954, Nr. V S. 94–115.

auf europäischer und internationaler Ebene einem starken Anpassungsdruck ausgesetzt sieht. Es sind in erster Linie das in Vorbereitung befindliche UNIDROIT-Übereinkommen über intermediär-verwahrte Wertpapiere und das Securities Account Certainty Project der EU, aber auch Reformaktivitäten im Ausland, die der Diskussion darüber, ob das deutsche Depotrecht noch ein festes Fundament für die Wertpapierverwahrung und -abwicklung abgibt, neue Nahrung gegeben haben.

Diese Entwicklung gab den Anstoß für die Tagung „Die Zukunft des Clearing und Settlement", die das ILF am 27. Juni 2005 an der Johann Wolfgang Goethe-Universität veranstaltet hat. Der erste Teil der Tagung war ausgewählten depot- und gesellschaftsrechtlichen Fragen rund um die mediatisierte Wertpapierverwahrung einschließlich möglicher Alternativen zum geltenden Recht und eines rechtsvergleichenden Blicks in die Schweiz gewidmet. Die Analyse der rechtlichen Einbettung des Clearing und Settlement bot zugleich die Gelegenheit, im zweiten Teil der Tagung die derzeit ebenfalls lebhaft diskutierten Marktmodelle der Wertpapierabwicklung auf den Prüfstand zu stellen.

Der vorliegende Band enthält die schriftlichen und um Fußnoten ergänzten Fassungen der auf dieser Tagung gehaltenen Referate. Ein besonderer Dank der Veranstalter gilt Dr. David C. Donald und Tim Florstedt für die organisatorische Vorbereitung der Veranstaltung.

Frankfurt am Main, Oktober 2005

Dr. Ulrich Segna
Johann Wolfgang Goethe-Universität Frankfurt am Main

Inhaltsverzeichnis

Die Autoren

Prof. Dr. Dorothee Einsele
Frau Prof. Dr. Dorothee Einsele hat seit Oktober 1994 den Lehrstuhl für Bürgerliches Recht, Handelsrecht, Europäisches und Internationales Privat- und Wirtschaftsrecht, Rechtsvergleichung der Christian-Albrechts-Universität zu Kiel inne. Ihr Forschungsschwerpunkt liegt im Bereich des nationalen und internationalen Bank- und Kapitalmarktrechts. Nach Studium und Promotion (1982) in Tübingen und Referendariat in Stuttgart arbeitete Frau Einsele zunächst als Referentin im Bundesministerium für Arbeit und Sozialordnung in Bonn, dann als Rechtsanwältin in Stuttgart und ab 1987 am Zentrum für Internationale Wirtschaft an der Universität Konstanz. Nach Forschungsaufenthalten in Tokio, New York und Cambridge (Großbritannien) habilitierte sie sich 1992 an der Universität Konstanz mit der Arbeit „Wertpapierrecht als Schuldrecht-Funktionsverlust von Effektenurkunden im internationalen Rechtsverkehr". Frau Einsele war Mitglied der UNIDROIT-Study Group on Harmonised Substantive Rules regarding Securities Held with an Intermediary.

Dr. Hans Kuhn
ist Direktor der Schweizerischen Nationalbank und Leiter der Rechtsabteilung. Herr Dr. Kuhn saß einer Kommission für die Reform des Wertpapierrechts vor, die einen Gesetzesentwurf für von Intermediären gehaltene Wertpapiere ausarbeitete (2003–2004). Er war in verschiedenen Arbeitsgruppen tätig, die Gesetzgebung für den Finanzmarkt vorbereiteten, einschließlich Arbeitsgruppen der Kommission für internationales Handelsrecht der Vereinten Nationen (UNCITRAL) und der Haager Konferenz für internationales Privatrecht. Dr. Kuhn hat an der Universität Zürich promoviert und ist Inhaber eines LL.M.-Abschlusses der Tulane University Law School (New Orleans, Lousiana). Er ist Mitglied der Anwaltschaft in Zürich und sitzt beim Römer Institut für die Vereinheitlichung des Privatrechts der Regierungsexpertenkommission vor, die mit der Vorbe-

reitung eines Übereinkommens zur Harmonisierung des materiellen Rechts der Intermediär-verwahrten Wertpapiere befasst ist.

Prof. Dr. Ulrich Noack

Geboren am 27. Oktober 1956 in Markgröningen. Nach den juristischen Examina Wissenschaftlicher Assistent am Institut für Arbeits- und Sozialrecht der Universität Tübingen (Prof. Dr. Zöllner), 1988 Promotion (Thema: Fehlerhafte Beschlüsse in Gesellschaften und Vereinen), 1993 Habilitation an der Universität Tübingen (Thema: Gesellschaftervereinbarungen bei Kapitalgesellschaften), seit 1994 Universitätsprofessor an der Juristischen Fakultät der Heinrich-Heine-Universität Düsseldorf, dort Direktor des Instituts für Unternehmensrechts sowie der Zentren für Informationsrecht und für Gewerblichen Rechtsschutz. Zahlreiche Publikationen zum Zivil- und Unternehmensrecht, Mitherausgeber der Kölner Kommentare zum Unternehmensrecht, Sachverständiger u. a. für die Europäische Kommission, das Bundesministerium der Justiz und die Regierungskommission Corporate Governance.

Dr. Axel Nawrath

Dr. Axel Nawrath wurde am 26. Februar 1954 in Hannover geboren und war von März 2003 bis 2005 Managing Director bei der Deutschen Börse AG (Frankfurt/Main) mit der Zuständigkeit für Policy, Communication and Legal. Seit Oktober 2003 ist er General Manager der Frankfurter Wertpapierbörse. Nach der rechtswissenschaftlichen Promotion im Jahre 1981 begann Herr Nawrath 1982 seine berufliche Laufbahn als Rechtsanwalt. Von 1983 bis 1986 war er im Bundesfinanzministerium im Haushaltsdezernat und von 1986 bis 1989 in der deutschen Nato-Delegation in Brüssel als Finanzberater tätig. Von 1990 bis 1998 arbeitete Herr Dr. Nawrath am Bundesrechnungshof, in den letzten vier Jahren in der Funktion als Mitglied des Beirats. Zwischen 1998 und 2003 arbeitete er erneut für das Bundesfinanzministerium. Von 1998 bis 1999 war Herr Dr. Nawrath als *Stabschef* sowohl bei Minister Lafontaine als auch Minister Eichel beschäftigt. Von 1999 bis 2003 hatte er die Position als *Generaldirektor* für nationale und internationale Finanzmärkte und Geld- und Währungspolitik inne. Von 1999 bis 2003 war er Mitglied des Aufsichtsrats und Mitglied des Kreditausschusses der Deutschen Postbank AG in Bonn. Seit März 2006 ist Herr Dr. Nawrath Staatssekretär im Bundesministerium der Finanzen.

Erster Hauptteil:
Die Zukunft des Effektengiroverkehrs

Das Treuhandmodell als Alternative zum geltenden Recht

Dorothee Einsele

Gliederung

Befürwortet man eine Alternative zum geltenden Recht, befindet man sich notwendigerweise zunächst in einem Rechtfertigungszwang. Was soll denn an dem bewährten Alten schlecht oder zumindest nicht mehr zeitgemäß sein? Sicherlich, mittlerweile, genauer im Dezember 2004, wurde von der UNIDROIT-Study Group on Harmonised Substantive Rules Regarding Securities Held with an Intermediary ein vorläufiger Konventionsentwurf vorgelegt,[1] so dass auch international ein gewisser Harmonisierungs- und Anpassungsdruck für das deutsche Recht entstehen wird. Dies allein sagt aber noch nichts darüber aus, ob der Sache nach eine konzeptionelle Änderung des deutschen Rechts erforderlich und wünschenswert ist. Erst nach Beantwortung dieser Frage lassen sich aber die Vorteile, eventuell aber auch die Nachteile eines anderen Modells richtig einschätzen. Ohne auf die an anderer Stelle bereits im Einzelnen dargelegten Probleme des geltenden deutschen Depotrechts einzugehen, seien hier zunächst die wesentlichen Schwierigkeiten und Friktionen in Erinnerung gerufen, die die Regelungen des Depotgesetzes in Anbetracht der heutigen Praxis der Wertpapierverwahrung und -übertragung aufwerfen.

I. Probleme der deutschen Miteigentumslösung

1. Inländische Verwahrung

a) Grundsätzliche Konzeption

Bekanntlich ist der dinglich berechtigte (End-)Investor im deutschen Recht Miteigentümer der sammelverwahrten vertretbaren Wertpapiere (§ 8 DepotG). Allerdings werden heutzutage fast ausschließlich Dauerglobalurkunden ausgegeben, die eine gesamte Emission einer bestimmten Wertpapierart in einer Urkunde verbriefen. Daher wird sehr häufig nicht eine Vielzahl von Wertpapieren, sondern lediglich eine Dauerglobalurkunde verwahrt, bei der der ansonsten bestehende Anspruch des Anlegers auf Auslieferung von Einzelurkunden ausgeschlossen wurde (vgl. § 9 a Abs. 3 S. 2 DepotG). Unmittelbarer Besitzer des Wertpapiersammelbestands bzw. der Dauerglobalur-

1 UNIDROIT 2004 – Study LXXVIII – Doc. 18.

kunde ist in aller Regel nicht die (Depot-) Bank, mit der der Anleger einen Depotvertrag geschlossen hat, sondern eine Wertpapiersammelbank, in Deutschland Clearstream Banking AG (§§ 5 Abs. 1 S. 1, 1 Abs. 3 DepotG).

b) Übertragung der Miteigentumsanteile und Verkehrsschutz

Wenden wir uns nun der Übertragung der Wertpapiere zu. Hierbei gilt es festzuhalten, dass mit der Verbriefung von Rechten in Wertpapieren insbesondere der Schutz des Rechtsverkehrs bezweckt wird,[2] der bei den für das Depotgeschäft im Vordergrund stehenden Inhaber- und blankoindossierten Orderpapieren durch gutgläubigen Erwerb erreicht wird (vgl. §§ 932 ff., 935 Abs. 2 BGB, vgl. auch Art. 16 Abs. 2 WG). Dementsprechend sollte nach dem Willen des Gesetzgebers durch die Miteigentumslösung des deutschen DepotG erreicht werden, dass diese Miteigentumsanteile wie bewegliche Sachen gem. §§ 929 ff. BGB übertragen werden können und der Rechtsverkehr durch die Möglichkeit gutgläubigen Erwerbs (gem. §§ 932 ff. BGB i. V. m. § 366 HGB) geschützt wird.[3]

Bei den heutigen Verhältnissen des Clearing und Settlement lässt sich der Schutz des Rechtsverkehrs durch gutgläubigen Erwerb jedoch nicht mehr begründen: Bei Dauerglobalurkunden fehlt es bereits an einem Herausgabeanspruch, der für die Annahme mittelbaren Besitzes des Anlegers/Depotinhabers erforderlich wäre. Richtigerweise sind die Anleger daher keine (mittelbaren) Besitzer des von Clearstream verwahrten Sammelbestands. Aber selbst wenn man dieser rechtlichen Beurteilung nicht folgen wollte, kann der

[2] *v. Savigny,* Das Obligationenrecht als Theil des heutigen römischen Rechts, 1853, S. 99.

[3] Vgl. die Begründung zur Zweiten VO über die Behandlung von Anleihen des Deutschen Reichs im Bank- und Börsenverkehr v. 18. 4. 1942, abgedruckt bei *Pfundtner/Neubert,* Das neue deutsche Reichsrecht, ergänzbare Sammlung des geltenden Rechts seit dem Ermächtigungsgesetz, mit Erläuterungen, 1933–1944, II (Rechtspflege) b 73, aus der deutlich wird, dass nach dem DepotG die Möglichkeit gutgläubigen Erwerbs von Sammeldepotanteilen bestehen sollte.

Schutz des Rechtsverkehrs nicht mit dem Rechtsscheinträger Mitbesitz begründet werden. Denn Mitbesitz stellt keinen geeigneten Rechtsscheinträger für die Höhe des Miteigentumsanteils eines Depotinhabers dar. Verfügt also ein Anleger/Miteigentümer des Sammelbestands über einen höheren Miteigentumsanteil als ihm tatsächlich zusteht, kann ein Käufer jedenfalls nicht gegründet auf den Rechtsscheinträger (Mit-)Besitz gutgläubig erwerben.[4] Dies wird auch von der h. M. in der depotrechtlichen Literatur gesehen. Überwiegend wird die Möglichkeit gutgläubigen Erwerbs dann damit begründet, die Depotbuchung fungiere entweder anstelle des Mitbesitzes[5] oder zusätzlich neben dem Mitbesitz[6] als maßgeblicher Rechtsscheinträger.

Eine solche Rechtsfortbildung ist jedoch abzulehnen: Zum einen weist die Buchung nicht die für einen Rechtsscheinträger erforderliche allgemeine Erkennbarkeit und Offenkundigkeit auf, da das Bankgeheimnis es den Kreditinstituten verwehrt, die Buchungsvorgänge der Allgemeinheit zugänglich zu machen.[7] Zum anderen erscheint es in Anbetracht der tatsächlichen Abläufe beim Clearing

4 Ganz h. M., vgl. etwa *v. Seeler,* Das Miteigentum nach dem bürgerlichen Gesetzbuch für das Deutsche Reich, 1899, S. 42; *Schulze-Osterloh,* Das Prinzip der gesamthänderischen Bindung, 1972, S. 212; MüKo/*Karsten Schmidt,* BGB, 4. Aufl. 2004, § 747 Rn. 20; Soergel/*Henssler,* BGB, 13. Aufl. 2002, § 932 Rn. 10; Staudinger/*Langhein,* BGB, 2002, § 747 Rn. 23.

5 Vgl. etwa *Canaris,* Bankvertragsrecht, 2. Aufl. 1981, Rn. 2027; *Brink,* Rechtsbeziehungen und Rechtsübertragung im nationalen und internationalen Effektengiroverkehr, Untersuchungen über das Spar-, Giro- und Kreditwesen, Abteilung B: Rechtswissenschaft, Bd. 12, 1976, S. 102; *Heinsius/Horn/Than,* Depotgesetz, Komm. z. Gesetz über die Verwahrung und Anschaffung von Wertpapieren v. 4. Februar 1937, 1975, § 6 Rn. 35; *Fabricius,* Zur Theorie des stükkelosen Effektengiroverkehrs, AcP 162 (1963), 456, 481 f.; *Wolter,* Effektenkommission und Eigentumserwerb, zugleich ein Beitrag zur Lehre vom Geschäft für denjenigen, den es angeht, Untersuchungen über das Spar-, Giro- und Kreditwesen, Abteilung B: Rechtswissenschaft, Bd. 21, 1979, S. 306.

6 *Kümpel,* in Bankrecht und Bankpraxis, 8. Teil: Depotgeschäft, Band 4, Stand Januar 2002, Rn. 8/73; *Koller,* Der gutgläubige Erwerb von Sammeldepotanteilen im Effektengiroverkehr (2. Teil), DB 1972, 1905, 1909.

7 Vgl. auch die ausdrückliche vertragliche Regelung in Nr. 2 Abs. 1 AGB-Banken, Nr. 1 Abs. 1 S. 2 AGB-Sparkassen, Nr. 5 Abs. 1 AGB Clearstream Banking AG (Fassung Februar 2004); *Einsele,* Wertpapierrecht als Schuldrecht – Funk-

und Settlement auch nicht mehr interessengerecht, den sicherlich notwendigen Schutz des Rechtsverkehrs durch gutgläubigen Erwerb zu gewährleisten. Denn gutgläubiger Erwerb bedeutet, dass entweder ein unbeteiligter Altanleger sein Recht verliert oder aber, dass der Rechtserwerb eines Neuanlegers scheitert, und dies mit der Begründung, die Clearstream Banking AG, die nach h. M. bei der Rechtsübertragung in Vertretung für den Erwerber handelt und daher die maßgebliche Stelle für die Frage der Gut- oder Bösgläubigkeit ist, sei im konkreten Fall leider nicht gutgläubig gewesen.[8] Diese Form der individuellen und letztlich willkürlich erscheinenden Verlustverteilung ist aber kaum überzeugend. Denn das Verwahr- und Abwicklungssystem stellt für den Alt- wie auch für den Neuanleger gleichermaßen eine „black box" dar, an der die Anleger im Fall von Dauerglobalurkunden teilnehmen müssen, sofern sie überhaupt Wertpapiere halten wollen.[9] Ganz abgesehen davon setzt der Verkehrsschutz durch gutgläubigen Erwerb das sog. tracing, also die Feststellung voraus, welche Anteile an welchen Anleger übertragen wurden. Tracing ist aber, sofern überhaupt möglich, in den meisten Fällen zumindest unökonomisch.

tionsverlust von Effektenurkunden im internationalen Rechtsverkehr, 1995, S. 176 f.; vgl. auch *Canaris,* Bankvertragsrecht, 3. Aufl. 1988 1. Teil, Rn. 40 ff.

8 Vgl. zur Konstruktion der Eigentumsübertragung nach dem DepotG *Heinsius/Horn/Than,* Depotgesetz, Komm. z. Gesetz über die Verwahrung und Anschaffung von Wertpapieren v. 4. Februar 1937, 1975, § 6 Rn. 84; *Wolter,* Effektenkommission und Eigentumserwerb, zugleich ein Beitrag zur Lehre vom Geschäft für denjenigen, den es angeht, Untersuchungen über das Spar-, Giro- und Kreditwesen, Abteilung B: Rechtswissenschaft, Bd. 21, 1979, S. 232; *Canaris,* Bankvertragsrecht, 2. Aufl. 1981, Rn. 2019; *Koller,* Der gutgläubige Erwerb von Sammeldepotanteilen an Wertpapieren im Effektengiroverkehr (1. Teil), DB 1972, 1857, 1860; hingegen soll nach *Kümpel,* in Bankrecht und Bankpraxis, Rn. 8/338 das kaufende Institut die Annahme der Übereignungsofferte konkludent dadurch erklären, dass es sich vorbehaltlos den mittelbaren Besitz einräumen lässt, während der Wertpapiersammelbank lediglich die Funktion eines Empfangsboten für das kaufende Institut zukommen soll.

9 *Einsele,* Wertpapierrecht als Schuldrecht – Funktionsverlust von Effektenurkunden im internationalen Rechtsverkehr, 1995, S. 212.

c) Pfändung der Miteigentumsanteile

Dass die rechtliche Regelung des Depotrechts nicht mehr den tatsächlichen Verhältnissen entspricht, zeigt sich aber auch in anderem Zusammenhang, wie etwa bei der Pfändung von Sammelbestandanteilen.[10] Generell werden Miteigentumsanteile gem. §§ 857, 829, 835, 836 ZPO gepfändet, so dass nach dem Wortlaut des Gesetzes der Pfändungs- und Überweisungsbeschluss eigentlich allen anderen Miteigentümern als Drittschuldnern zuzustellen wäre. Da dies offensichtlich jedoch völlig unpraktikabel wäre, ist der Pfändungs- und Überweisungsbeschluss nach bisher allgemeiner Meinung dem Verwahrer zuzustellen.[11] Dass die Zustellung des Pfändungsbeschlusses an den Verwahrer ausreichend sein soll, ist aber als gewillkürte Ermächtigung auf der Passivseite rechtlich nur schwer begründbar.[12] Im Übrigen ist auch nicht klar, wer als für die Zustellung des Pfändungsbeschlusses ermächtigter Verwahrer anzusehen ist. Teilweise wird in der depotrechtlichen Literatur angenommen, dies sei der Verwahrer, der in einer unmittelbaren Rechtsbeziehung zum Schuldner stehe,[13] teils wird aber auch generell auf die Sammelbank abgestellt, was auf jeden Fall den Zentralverwahrer

10 Vgl. zur Zwangsvollstreckung aus einem Titel, der auf die Übertragung von Aktien gerichtet ist, die sich in Sammelverwahrung befinden, BGH WM 2004, 1747 m. Anm. *Einsele* WuB I G 3. – 1.04; wenn auch bezogen auf die etwas anders gelagerte Problematik der Zwangsvollstreckung zur Erwirkung der Übereignung von Sammeldepotanteilen führte der BGH in dieser Entscheidung interessanterweise aus, die bestehenden Vorschriften des Zwangsvollstreckungsrechts würden der Entwicklung des Wertpapiermarktes zu globalverbrieften und sammelverwahrten Papieren nicht Rechnung tragen (vgl. BGH WM 2004, 1748).

11 Vgl. etwa *Heinsius/Horn/Than,* Depotgesetz, Komm. z. Gesetz über die Verwahrung und Anschaffung von Wertpapieren v. 4. Februar 1937, 1975, § 6 Rn. 50; *Kümpel,* Depotgeschäft, in Bankrecht und Bankpraxis, Stand Februar 2002, Rn. 8/79 a; Baumbach/*Hopt,* HGB, 31. Aufl. 2003, § 6 DepotG Rn. 2.

12 Vgl. im Einzelnen *Einsele,* Wertpapierrecht als Schuldrecht – Funktionsverlust von Effektenurkunden im internationalen Rechtsverkehr, 1995, S. 133 f.

13 *Heinsius/Horn/Than,* Depotgesetz, Komm. z. Gesetz über die Verwahrung und Anschaffung von Wertpapieren v. 4. Februar 1937, 1975, § 6 Rn. 50; *Kümpel,* Depotgeschäft, in Bankrecht und Bankpraxis, Stand Februar 2002, Rn. 8/79 a.

mit einschließen würde.[14] Dies wäre jedoch in Anbetracht der hierarchischen Stufung der Verwahrpyramide völlig unpraktikabel. Denn der Zentralverwahrer kann die Person des Endinvestors nicht aus seinen Depotunterlagen entnehmen, so dass er bei Zustellung eines Pfändungsbeschlusses nicht wüsste, welche Anteile nun gepfändet wurden, geschweige denn in der Lage wäre, eine Drittschuldnererklärung gem. § 840 ZPO abzugeben. Dies würde im Extremfall zu einem zumindest zeitweiligen Stillstand der Tätigkeit des Zentralverwahrers führen.[15]

Die Vermeidung dieses sog. upper tier attachment, also der Pfändung der Rechtsposition des Anlegers auf der Ebene eines höherstufigen Intermediärs, mit dem der Anleger nicht depotvertraglich verbunden ist, wurde daher schon in dem Positionspapier vom August 2003[16] als ein Ziel genannt, das die UNIDROIT-Study Group on Harmonised Substantive Rules Regarding Securities Held with an Intermediary mit ihrem im Dezember 2004 vorgelegten vorläufigen Konventionsentwurf verfolgt.[17]

14 So offenbar Baumbach/*Hopt*, HGB, 31. Aufl. 2003, § 6 DepotG Rn. 2; wohl auch *Opitz*, Depotgesetz, Gesetz über die Verwahrung und Anschaffung von Wertpapieren v. 4. Februar 1937, 2. Aufl. 1955, §§ 6, 7, 8 Bem. 36.

15 Man könnte zwar auch an eine Pfändung des Auslieferungsanspruchs des Anlegers gem. §§ 846, 847 ZPO denken. Aber abgesehen davon, dass bei Dauerglobalurkunden ein solcher Herausgabeanspruch nicht besteht, würde eine auch spätere Pfändung des Miteigentumsanteils einer Pfändung gem. §§ 846, 847 ZPO bis zur Herausgabe der Wertpapiere an den Gerichtsvollzieher vorgehen (vgl. etwa *Kümpel*, Depotgeschäft, in Bankrecht und Bankpraxis, Stand Februar 2002, Rn. 8/79 b; *Stöber*, Forderungspfändung, 13. Aufl. 2002, Rn. 2031).

16 Vgl. UNIDROIT 2003 – Study LXXVIII – Doc. 8.

17 Vgl. Art. 8 dieses vorläufigen Konventionsentwurfs, UNIDROIT 2004 – Study LXXVIII – Doc. 18.

2. Auslandsverwahrung

a) Gegenseitige Kontoverbindungen

Das miteigentumsrechtliche Modell des DepotG wirft aber nicht nur national, sondern insbesondere auch international erhebliche Probleme auf. Um den grenzüberschreitenden Effektengiroverkehr zu ermöglichen, ist es dem Zentralverwahrer seit einer Depotgesetznovelle im Jahr 1985 erlaubt, unter den Voraussetzungen von § 5 Abs. 4 DepotG ausländischen Zentralverwahrern vertretbare Wertpapiere i. S. d. § 1 Abs. 1 DepotG zur Verwahrung anzuvertrauen. Intendiertes Ziel dieser Kontoverbindungen von Clearstream Banking mit ausländischen Wertpapiersammelbanken ist, dass die im Ausland verwahrten (vertretbaren) Wertpapiere mit den Wertpapieren derselben Gattung, die bei Clearstream verwahrt werden, einen Girosammelbestand bilden[18] und die „Belieferung" des Käufers mit ausländischen Effekten wie im nationalen Effektengiroverkehr buchmäßig ohne effektive Bewegung von Wertpapierurkunden erfolgen kann.[19]

Da aber im Bereich des internationalen Sachenrechts traditionell der Grundsatz der lex rei sitae gilt, d. h. Anwendbarkeit der Rechtsordnung, in der die Sache belegen ist (vgl. im deutschen Recht Art. 43 Abs. 1 EGBGB), sind diese gegenseitigen Kontoverbindungen gem. § 5 Abs. 4 DepotG mehr als problematisch. Denn sofern dem Anleger sowohl im In- als auch im Ausland rechtliches Miteigentum verschafft wird, hat die Übertragung von Miteigentumsanteilen zur Folge, dass sich der Anteil des Verfügenden an dem Sammelbestand verringert, während derjenige des Empfängers sich entsprechend erhöht. Damit eine solche Verfügung tatsächlich auch wirksam ist, müssen allerdings die sachenrechtlichen Voraussetzungen aller

18 Vgl. auch Nr. 29 S. 3 AGB Clearstream Banking AG (Fassung Februar 2004).

19 *Hellner,* Verwahrung und Verwaltung von Wertpapieren im Ausland, in Festschrift Heinsius, 1991, S. 211, 218; *Than,* Internationaler Effektengiroverkehr oder Zweitverbriefung – die Belieferung von Börsenhandelsgeschäften in ausländischen Aktien in Deutschland und den USA –, WM-Festgabe für Thorwald Hellner, WM 1994, 85, 89.

Rechtsordnungen erfüllt sein, die hinsichtlich einer bestimmten Wertpapierart kontomäßig miteinander verbunden sind. Überdies gilt es zu bedenken, dass auch bei einer Verfügung eines im Inland ansässigen Verkäufers zugunsten eines ebenfalls im Inland ansässigen Käufers sich die Miteigentumsanteile an den im In- und Ausland verwahrten Sammelbeständen entsprechend verringern bzw. erhöhen. Rechtlich gesehen haben die meisten Verfügungsgeschäfte über Wertpapierbestände daher einen grenzüberschreitenden Bezug.[20]

Andererseits bestehen aber auch gegenseitige Kontoverbindungen mit solchen Wertpapiersammelbanken, wie etwa dem amerikanischen Zentralverwahrer, die den Anlegern kein rechtliches Miteigentum, sondern – wie im Fall der DTCC – lediglich security entitlements, also eine besondere Form wirtschaftlichen Eigentums verschaffen. Zwar findet kollisionsrechtlich der Grundsatz der lex rei sitae auf lediglich wirtschaftliches Eigentum keine Anwendung (vgl. hierzu noch näher unten II. 7.), so dass sich das geschilderte Problem der an sich erforderlichen völligen Übereinstimmung der Sachenrechtsordnungen hier nicht stellt. Eine gegenseitige Kontoverbindung setzt aber voraus, dass die Banken sowie Bankaufsichtsbehörden die dem Anleger eingeräumte Rechtsstellung als wirtschaftlicher Eigentümer, wie etwa auch das security entitlement US-amerikanischen Rechts,[21] als dem rechtlichen Miteigentum gleichwertig ansehen (§ 5 Abs. 4 S. 1 Nr. 2 DepotG). Dies müsste aus Sicht des deutschen Depotrechts und seiner darin gewählten miteigentumsrechtlichen Konstruktion eigentlich bereits mehr als zweifelhaft sein. Zudem ist mehr als fraglich, ob Sammelbestände, die doch so unterschiedlichen rechtlichen Regeln wie das Miteigentum deutschen Rechts einerseits und das Recht security entitlement andererseits unterliegen, tatsächlich gegeneinander austauschbar, also fungibel sind. Dies aber ist Grundvoraussetzung

20 Vgl. hierzu MüKo/*Einsele*, HGB, 2001, Bd. 5, Depotgeschäft Rn. 176.

21 Das Recht security entitlement stellt ein Inbegriff von Rechten des Depotinhabers gegenüber seinem (jeweiligen) Intermediär dar (UCC Art. 8–102 (a)(17)) und entsteht mit Gutschriftbuchung eines Intermediärs zugunsten seines Depotinhabers (vgl. UCC Art. 8–501 (1)(b)(1)).

dafür, dass überhaupt eine gegenseitige Kontoverbindung zu einem einheitlichen in- und ausländischen Sammelbestand führen kann.[22]

b) Kollisionsrechtliche Sonderregelung des § 17 a DepotG

Nun wurde zwar in Umsetzung der Richtlinie 98/26/EG des Europäischen Parlaments und des Rates v. 19. 5. 1998 über die Wirksamkeit von Abrechnungen in Zahlungs- sowie Wertpapierliefer- und -abrechungssystemen[23] (sog. Finalitätsrichtlinie) § 17 a DepotG als spezielle Kollisionsnorm für Verfügungen über Wertpapiere bzw. Sammelbestandanteile geschaffen. Allerdings ist der Anwendungsbereich dieser Vorschrift einigermaßen unklar. So werden von dieser Kollisionsnorm von vornherein nur solche Verfügungen erfasst, die mit rechtsbegründender Wirkung in ein Register eingetragen oder auf einem Konto verbucht werden. Zwar gibt es gem. § 24 Abs. 2 DepotG auch im deutschen Recht die Möglichkeit des Rechtserwerbs mittels Buchung. Dieser gesetzliche Erwerbstatbestand eröffnet aber auf keinen Fall die Möglichkeit gutgläubigen Erwerbs und greift überdies nach dem Gesetzeswortlaut nur ein, wenn das Miteigentum nicht bereits früher auf den Kunden übergegangen ist. Daher werden Sammelbestandanteile nach ganz h. M. rechtlich gesehen grundsätzlich nicht durch rechtsbegründende Buchung, sondern gem. §§ 929 ff. BGB übertragen.[24] Noch problematischer als der Anwendungsbereich ist jedoch die Rechtsfolge der Kollisionsregel des § 17 a DepotG: Danach wird das Recht des Staates für anwendbar erklärt, in dem sich die kontoführende Haupt- oder Zweigstelle des Verwahrers des Verfügungsempfängers befindet. Mithin ist die anwendbare Rechtsordnung von der Person des Verfügungsempfängers abhängig, während umgekehrt der Verfügungsempfänger nach der an-

22 Vgl. hierzu *Einsele,* Wertpapierrecht als Schuldrecht – Funktionsverlust von Effektenurkunden im internationalen Rechtsverkehr, 1995, S. 407.

23 ABl. EG Nr. L 166/45.

24 So auch *Than,* Neue Rechtsentwicklungen für den grenzüberschreitenden Effektengiroverkehr, in Festschrift Kümpel, 2003, S. 543, 553.

wendbaren Rechtsordnung zu bestimmen ist. Damit handelt es sich bei der Kollisionsnorm des § 17a DepotG um einen klassischen logischen Zirkelschluss.

c) Haager Übereinkommen über die auf bestimmte Rechte in Bezug auf Intermediär-verwahrte Wertpapiere anzuwendende Rechtsordnung

Neben der EU hat sich aber auch die Haager Konferenz für Internationales Privatrecht dieses kollisionsrechtlichen Problems angenommen und auf ihrer 19. diplomatischen Sitzung am 13. Dezember 2002 das Haager Übereinkommen über die auf bestimmte Rechte in Bezug auf Intermediär-verwahrte Wertpapiere anzuwendende Rechtsordnung angenommen.[25] Dieses bisher allerdings noch nicht in Kraft getretene Übereinkommen sieht als zentrale Kollisionsnorm für Verfügungen über Intermediär-verwahrte Wertpapiere in Art. 2 Abs. 1 die Anwendbarkeit der Rechtsordnung vor, die für die jeweilige Kontoverbindung zwischen dem Depotinhaber und seinem direkten Intermediär maßgeblich ist, wobei das Übereinkommen den Parteien in Art. 4 Abs. 1 eine weitgehende Rechtswahlfreiheit einräumt. Diese gesonderte rechtliche Betrachtung der jeweiligen Depotbeziehung passt allerdings nicht zu der miteigentumsrechtlichen Konstruktion des deutschen Rechts. Die Stellung eines rechtlichen Eigentümers ist grundsätzlich gegenüber jedermann durchsetzbar und überspringt damit sozusagen die Stufen von Verwahrern bzw. Intermediären, die jedoch nach dem Haager Übereinkommen einer gesonderten rechtlichen Beurteilung unterliegen und die Rechtsstellung des jeweiligen Depotinhabers bestimmen. Im Übrigen kann bei grenzüberschreitenden Verfügungen das Problem der Kompatibilität der beteiligten Rechtsordnungen auftreten; und dies gerade aus der Sicht des deutschen Depotrechts sozusagen im besten Fall, d. h. dem der Übertragung rechtlichen Eigentums an einen Käufer, dessen Kontoverbindung ebenfalls einer Rechtsordnung untersteht, die dem Anleger rechtliches Eigen-

[25] Vgl. zum deutschen Text des Übereinkommens RabelsZ 68 (2004), 757–769.

tum einräumt. Denn sind die Vorschriften zur Wirksamkeit von Verfügungen nicht aufeinander abgestimmt, kann sich entweder das Problem eigentümerloser oder konfligierender Rechte an dem betreffenden Sammelbestandanteil ergeben.[26] Sofern hingegen eine der beteiligten Rechtsordnungen (etwa die des Verfügenden) dem Anleger die Position eines rechtlichen Eigentümers einräumt, während die andere (etwa die des Empfängers) dem Anleger lediglich wirtschaftliches Eigentum gewährt, kann dem Käufer im Ergebnis ohnehin nicht rechtliches, sondern nur wirtschaftliches Eigentum verschafft werden.

II. Treuhandmodell

1. Grundsätzliche Konzeption

Diese zahlreichen Nachteile des derzeit geltenden Miteigentumsmodells des deutschen DepotG dürften ausreichend Rechtfertigungsgründe dafür sein, über Alternativen nachzudenken. Insoweit könnte man zunächst an eine Ermächtigungstreuhand denken, bei der die Intermediäre dazu ermächtigt sind, über die von ihnen gehaltenen Wertpapiere zu verfügen. Allerdings würde dies die eben aufgezeigten Probleme nicht lösen. Denn die Ermächtigung eines in Wahrheit nichtberechtigten Anlegers wäre nicht wirksam, so dass sich nach wie vor die Frage des gutgläubigen Erwerbs eines Wertpapierkäufers mit den sich hieran anschließenden Folgeproblemen stellen würde. Dies gilt auch für das sog. upper tier attachment, also die Pfändung der Sammeldepotanteile der Anleger bei einem höherstufigen Verwahrer. Desgleichen würden sich bei grenzüberschreitenden Wertpapierübertragungen die aufgezeigten Schwierigkeiten in gleicher Weise wie heute stellen, da bei einer Ermächtigungstreu-

26 Vgl. hierzu *Einsele,* Das Haager Übereinkommen über das auf bestimmte Rechte im Zusammenhang mit zwischenverwahrten Wertpapieren anzuwendende Recht, WM 2003, 2349–2356, insb. 2352–2355.

hand ebenfalls die Miteigentumsanteile der Anleger grenzüberschreitend übertragen würden.[27]

Als gerade auch international flexiblere Konstruktion bietet sich die von mir favorisierte fiduziarische Treuhand an.[28] Danach wird die Spitze der Pyramide von Intermediären, in Deutschland also die Clearstream Banking AG, treuhänderischer rechtlicher Eigentümer der verwahrten Wertpapiere. Die unterhalb der Verwahrspitze stehenden Intermediäre sind gegenüber dem höherstufigen Intermediär Treugeber und gegenüber ihrem Depotkunden Treuhänder, während der Endinvestor der wirtschaftliche Eigentümer der Wertpapiere ist, eine Rechtsposition, die im Folgenden als Wert (bzw. Werte) bezeichnet werden soll. Die Bestimmtheit der Treuguteigenschaft wird auf jeder Stufe dieser Pyramide durch die Depotbuchungen des Intermediärs zugunsten seiner jeweiligen Depotkunden hergestellt. Jeder Depotinhaber hat aus dem Treuhandvertrag mit seiner Depotbank einen Anspruch darauf, dass diese einen entsprechenden Deckungsbestand für ihn vorhält. Daneben folgt aus dem Treuhandverhältnis das Recht des Anlegers, über die für ihn verbuchten Werte zu verfügen, die Nutzungen aus diesen Werten (wie etwa die Zinsen) zu erhalten und über die Ausübung der mit diesen Werten verbundenen sonstigen Anlegerrechte (einschließlich der Stimmrechte) zu entscheiden. Im Übrigen hat der jeweilige Depotkunde/Treugeber gegen seinen Intermediär wie auch bereits heute einen Anspruch auf Verwaltung und – sofern überhaupt noch Urkunden ausgedruckt sind – auch auf Verwahrung dieser Wertpapiere. Wurden – wenn auch heutzutage sehr selten – noch Einzelurkunden ausgedruckt oder die Ansprüche der Anleger auf Auslieferung von Einzelurkunden jedenfalls nicht ausgeschlossen, ergibt sich aus diesem Treuhandverhältnis auch ein Anspruch auf Auslieferung solcher Einzelurkunden.

27 Vgl. hierzu auch *Einsele,* Wertpapierrecht als Schuldrecht – Funktionsverlust von Effektenurkunden im internationalen Rechtsverkehr, 1995, S. 551–560.

28 *Einsele,* Wertpapierrecht als Schuldrecht – Funktionsverlust von Effektenurkunden im internationalen Rechtsverkehr, 1995, S. 561–596.

Insgesamt weist dieses Modell deutliche Ähnlichkeiten mit dem deutschen Zweitsystem der Gutschriften in Wertpapierrechnung auf, das für solche ausländischen Wertpapiere gilt, die keine vertretbaren Wertpapiere i. S. d. § 1 Abs. 1 DepotG darstellen.

Die Rechtsposition der Anleger besteht bei diesem Modell zunächst aus schuldrechtlichen Ansprüchen. Ganz wesentlich für die Rechtsposition des Endinvestors ist aber dessen Schutz bei Insolvenz einer Depotbank einschließlich der des Zentralverwahrers sowie im Fall der Zwangsvollstreckung gegen einen Intermediär, also sozusagen die quasidingliche Verstärkung dieser schuldrechtlichen Ansprüche. Problematisch ist hier allerdings das nach wie vor von der Rechtsprechung vertretene Unmittelbarkeitsprinzip, nach dem eine Treuhand im Rechtssinne und damit auch Vollstreckungs- und Insolvenzschutz grundsätzlich nur dann besteht, wenn das Treugut aus der Hand des Treugebers in die des Treuhänders gelangt ist. Diese Voraussetzung ist aber bei den Verwahrpyramiden so gut wie nie gegeben, da die Urkunden bzw. meist die eine Dauerglobalurkunde nie in die Hände des Anlegers gelangt, sondern sogleich bei Clearstream Banking eingeliefert wird.[29] Zwar ist diese Rechtsprechung

29 Das maßgebliche Argument der Rechtsprechung für das Unmittelbarkeitsprinzip ist die Erwägung, bei stiller Stellvertretung des Handelnden (also hier des Treuhänders) habe der Dritte nur einen schuldrechtlichen Anspruch, der jedoch für die Annahme eines Treuhandverhältnisses nicht ausreiche. Entscheidend ist danach also die Überlegung, das stellvertretungsrechtliche Offenheitsprinzip und die unterschiedlichen gesetzlichen Rechtsfolgen von mittelbarer und unmittelbarer Stellvertretung würden ansonsten unterlaufen. Da es aber bei der quasidinglichen Wirkung der Treuhandabrede um Wirkungen gegenüber jedermann und nicht nur – wie beim stellvertretungsrechtlichen Offenheitsprinzip – um den Schutz des Vertragspartners geht, hat die Insolvenzbeständigkeit der Rechtsposition des Treugebers bei Insolvenz des Treuhänders von vornherein nichts mit dem stellvertretungsrechtlichen Offenkundigkeitsprinzip zu tun, vgl. etwa RGZ 84, 214, 216; RGZ 91, 12, 14, 16; RGZ 127, 341, 344; RGZ 133, 84, 87; BGHZ 11, 37, 41; BGH WM 1958, 1044, 1045; BGH WM 1959, 686, 688; BGH DNotZ 1993, 384, 385; BGH WM 1993, 1524; vgl. auch BGH WM 2003, 1733, 1734: die Nichtanerkennung der Abreden zwischen den Beteiligten als Treuhand im Rechtssinne wurde hier jedoch auf andere Erwägungen gestützt; bestimmte Ausnahmen vom Unmittelbarkeitsprinzip wurden allerdings bei Anderkonten anerkannt, vgl. etwa BGH WM 1996, 662, 663; dieser Rechtsprechung zustimmend

zum Unmittelbarkeitsprinzip aus rechtsdogmatischen Gründen abzulehnen.[30] Da sie jedoch als Faktum hinzunehmen ist, empfiehlt sich, den Schutz des Depotkunden im Fall der Insolvenz eines Intermediärs oder der Zwangsvollstreckung gegen einen Intermediär gesetzlich entsprechend abzusichern.

2. Übertragung der Werte und Verkehrsschutz

Die Übertragung der Rechte der jeweiligen Treugeber erfolgt bei diesem Modell in Anlehnung an die Giroüberweisung. Die Rechte des veräußernden Anlegers gegen seinen Intermediär werden daher durch eine Belastungsbuchung reduziert und die Ansprüche des erwerbenden Anlegers gegen seinen Intermediär durch eine Gutschriftbuchung entsprechend erhöht. Rechtlich gesehen werden die Rechte des veräußernden Anlegers bei diesem Modell daher nicht übertragen, vielmehr erlöschen die Rechte des Veräußerers gegen seinen Intermediär, während die Rechte des Erwerbers von dessen Intermediär neu begründet werden.

Eine solche Konstruktion bietet eine ganze Reihe von Vorteilen: Zum einen ist die Wirksamkeit einer Gutschriftbuchung nicht mehr abhängig von der Wirksamkeit einer Belastungsbuchung. Diese Konsequenz des Treuhandmodells, die übrigens der Regelung in Art. 3 (1), (3) und (4) des vorläufigen UNIDROIT-Konventionsentwurfs über Intermediär-verwahrte Wertpapiere entspricht, ist nicht nur aus praktischen, sondern auch aus Gründen des Anlegerschutzes der heutigen miteigentumsrechtlichen Konstruktion vorzuziehen. Denn da bei diesem Treuhandmodell die Rechte der Anleger im

Serick, Eigentumsvorbehalt und Sicherungsübertragung, die einfache Sicherungsübertragung – Erster Teil Bd. II, 1965, § 19 II 2 (S. 81–84).

30 Vgl. hierzu *Einsele,* Inhalt, Schranken und Bedeutung des Offenkundigkeitsprinzips- unter besonderer Berücksichtigung des Geschäfts für den, den es angeht, der fiduziarischen Treuhand sowie der dinglichen Surrogation, JZ 1990, 1005, 1010–1012; *dies.,* Wertpapierrecht als Schuldrecht – Funktionsverlust von Effektenurkunden im internationalen Rechtsverkehr, 1995, S. 425–430.

engeren Sinne des Wortes nicht übertragen werden, sondern beim Altanleger erlöschen und für den Erwerber neu begründet werden, stellt sich auch nicht das Problem gutgläubigen Erwerbs. Weil der Wertpapierkäufer nicht derivativ, sondern originär erwirbt, kommt es nicht darauf an, ob der Veräußerer Rechtsinhaber war. Vermieden wird damit nicht nur das Problem, dass kein geeigneter Rechtsscheinträger für den gutgläubigen Erwerb vorhanden ist und dass sich der Käufer nach heute h. M. die Gut- und insbesondere auch die Bösgläubigkeit des Zentralverwahrers im Fall von Dauerglobalurkunden sozusagen zwangsweise zurechnen lassen muss (wobei an dieser Stelle offen bleiben kann, was bei den heutigen Verwahr- und Abwicklungssystemen Bösgläubigkeit bei Umbuchung bedeutet).[31] Rechtlich nicht erforderlich ist bei diesem System insbesondere auch das sog. tracing. Der notwendige Schutz des Rechtsverkehrs wird bei dem Treuhandmodell vielmehr durch Einwendungsausschluss erreicht. Da die Gutschriftbuchung wie bei der Banküberweisung ein abstraktes Schuldanerkenntnis der Bank darstellt, ist die Wirksamkeit dieses Anerkenntnisses nicht abhängig von der Frage, ob die gutschreibende Depotbank ihrerseits ein Recht an dem Sammelbestand erhalten hat. Der durch Einwendungsausschluss erreichte Schutz der Neuanleger ist auch sachgerecht, weil die Erwerber nun wirklich nicht wissen können, ob ihrer Gutschriftbuchung eine korrespondierende Belastungsbuchung gegenüberstand.

Daneben werden mit dieser Konstruktion aber auch die Altanleger geschützt. Denn da die Gutschriftbuchungen abstrakte Schuldanerkenntnisse und damit Verträge darstellen, kann ein Anleger nicht ohne seine Mitwirkung Rechte verlieren. Das Risiko der Nichtberechtigung des veräußernden Anlegers tragen bei diesem Modell deshalb in erster Linie die Intermediäre, die bei fehlender belastender Gegenbuchung sowohl die Ansprüche der Altanleger als auch der Neuanleger aus den Gutschriftbuchungen zu befriedigen haben.

31 Vgl. zu diesen Problemen *Einsele*, Wertpapierrecht als Schuldrecht – Funktionsverlust von Effektenurkunden im internationalen Rechtsverkehr, 1995, S. 177–185.

Dies ist aber durchaus sach- und interessengerecht. Denn den Anlegern, und zwar sowohl den Alt- als auch den Neuanlegern, bleibt gar nichts anderes übrig, als auf das Funktionieren des Systems zu vertrauen; sie selbst haben – abgesehen von der Anlageentscheidung – keine weitere Einfluss-, Kontroll- und Steuerungsmöglichkeit hinsichtlich der Abläufe bei der Vollrechtsübertragung.

Wurde eine Gutschriftbuchung ohne eine wirksame Belastungsbuchung erteilt, stellt sich die Frage, welchen Inhalt das von dem Käufer erworbene Recht hat. Aus der Gutschriftbuchung folgt zunächst ein schuldrechtlicher Anspruch des Käufers gegen seinen Intermediär. Daneben hat der Anleger aber auch eine quasidingliche Rechtsposition an den von seinem Intermediär gehaltenen Werten erlangt. Denn da der Umfang des Treuguts nach der Anzahl der Gutschriftbuchungen zugunsten der jeweiligen Depotkunden bestimmt wird, stellen die von einer Depotbank 1 gehaltenen und beim nächst höheren Intermediär 2 für diese Depotbank 1 verbuchten Bestände in Höhe der Buchungen zugunsten der Kunden der Depotbank 1 Treugut dar. Dies bedeutet, dass im Fall von Gutschriftbuchungen ohne belastende Gegenbuchungen die Bestände, die ein Intermediär 1 eigentlich als Eigenbestände halten wollte, insoweit seinen Kunden zugewiesen werden. Tritt der Fall einer Unterdeckung auf, d. h. hat der Intermediär mehr Gutschriftbuchungen erteilt als in den Büchern des höherstufigen Intermediärs für ihn verbucht sind, so ergibt sich aus dem Treuhandverhältnis ein Anspruch des Kunden gegen seinen Intermediär, diesen Fehlbestand auszugleichen und Rechte in entsprechender Anzahl zu erwerben. Sollte aber doch zu einem Zeitpunkt ein Fehlbestand vorliegen, folgt aus der Gefahrengemeinschaft der Anleger eine verhältnismäßige Reduktion der Anteile, die sie an dem Gesamtbestand ihres Intermediärs halten. Übrigens finden sich diese verschiedenen Stufen der Sicherung des Anlegers sowie die verhältnismäßige Verlustverteilungsregelung auch in Artt. 14 bis 16 des vorläufigen UNIDROIT-Konventionsentwurfs über Intermediär-verwahrte Wertpapiere. Diese Regelung folgt aber auch zwanglos aus dem Treuhandmodell.

Von der Problematik eventueller Zuvielbuchungen zu trennen ist die Frage nach den Rechtsfolgen, wenn eine Belastungs- und Gutschriftbuchung erfolgte, aber kein wirksamer Kaufvertrag zwischen Alt- und Neuanleger abgeschlossen wurde. Hier ist wie bei der Banküberweisung ein bereicherungsrechtlicher Rückabwicklungsanspruch im Valutaverhältnis zwischen Veräußerer und Erwerber gegeben. Handelte die Bank, die mit der Belastungsbuchung die Rechtsübertragung initiierte, ohne einen Auftrag ihres Kunden, ist hingegen – ebenfalls wie bei der Banküberweisung – ein Direktkondiktionsanspruch dieser Bank gegen den Kunden gegeben, dem diese Werte gutgeschrieben wurden.[32]

3. Sicherungsrechte an Werten und Verkehrsschutz

Ebenfalls von großer praktischer Bedeutung sind Sicherungsrechte an Wertpapierbeständen. Sofern eine Vollübertragung der Rechte vorgenommen wird, gilt für die rechtliche Konstruktion der Bestellung dieser Sicherheiten das eben zur Vollrechtsübertragung Gesagte. Eine Verfügung zu Sicherungszwecken kann aber auch im Wege der Verpfändung der dem Anleger zustehenden Werte vorgenommen werden. Geht man von dem hier vorgestellten Modell aus, so werden die quasidinglichen Rechte des Anlegers gegen seinen Intermediär gem. § 1274 Abs. 1 S. 1 BGB, also durch eine entsprechende Verpfändungsvereinbarung zwischen Sicherungsgeber und Sicherungsnehmer verpfändet. § 1280 BGB verlangt zwar für die Wirksamkeit dieser Verpfändung im Regelfall auch eine Verpfändungsanzeige an den Schuldner der Forderung. Eine solche Verpfändungsanzeige ist jedoch entbehrlich, wenn der Anleger die Werte an seinen Intermediär oder einen höherstufigen Intermediär verpfändet. Denn der gesetzliche Schutzzweck des § 1280 BGB liegt darin sicherzustellen, dass der Schuldner nicht an die falsche Adres-

32 Vgl. zur bereicherungsrechtlichen Rückabwicklung bei der Banküberweisung *Einsele,* Der bargeldlose Zahlungsverkehr – Anwendungsfall des Garantievertrags oder abstrakten Schuldversprechens?, WM 1999, 1801, 1806 f.

se mit befreiender Wirkung leistet (§ 407 BGB).[33] Diese Gefahr besteht aber aufgrund der hierarchischen Stufung der Intermediärspyramide nicht, wenn die Werte an die mit dem Anleger vertraglich verbundene Depotbank oder an höherstufige Intermediäre verpfändet werden.

Auch bei der Bestellung von Sicherungsrechten stellt sich die Frage, ob der Pfandgläubiger im Fall der Nichtberechtigung des Verpfänders geschützt wird oder – anders ausgedrückt – was passiert, wenn über die Werte schon früher verfügt wurde. Hier ist zu unterscheiden: Handelt es sich bei der Pfandrechtsbestellung um den Fall eines rein derivativen Erwerbs, wie etwa bei einer Verpfändungsvereinbarung gem. § 1274 Abs. 1 S. 1 BGB und eventueller Verpfändungsanzeige an die Depotbank, kann sich in der Tat die Frage nach der Möglichkeit gutgläubigen Erwerbs stellen. Allerdings fehlt es für einen gutgläubigen Erwerb an einer Rechtsscheinbasis. Daher verbleibt es jedenfalls im Regelfall beim Prioritätsgrundsatz. Haben die Beteiligten nicht eine andere Rangordnung vereinbart, hat daher der erste Sicherungsnehmer Vorrang.

Anderes sollte aber dann gelten, wenn die Werte für den Pfandgläubiger etwa auf einem gesonderten Pfanddepot verbucht werden. Hier dürfte der Intermediär – ähnlich wie bei der Verbuchung der Werte im Rahmen der Vollrechtsübertragung – gegenüber dem Pfandgläubiger eine eigene Einstandspflicht in Form eines Schuldanerkenntnisses mit dem Inhalt der Verschaffung eines Pfandrechts an den Werten übernehmen. Werden auf diese Weise konkurrierende Pfandrechte an denselben Beständen geschaffen, so hat der Intermediär hierfür ebenso einzustehen wie im Fall der Erteilung von überschießenden Gutschriftbuchungen im Fall der Vollrechtsübertragung.

33 Vgl. statt vieler MüKo/*Damrau*, BGB, 4. Aufl. 2004, § 1280 Rn. 7; vgl. zur Verpfändung des Auslieferungsanspruchs des Anlegers auch MüKo/*Einsele*, HGB, Bd. 5, 2001, Depotgeschäft Rn. 119 f.

Die hier vorgeschlagene unterschiedliche Behandlung des derivativen Pfandrechtserwerbs einerseits und des originären andererseits ist durchaus interessengerecht: Befindet sich der Intermediär in der rein passiven Rolle etwa eines Empfängers einer Verpfändungsanzeige, kann sich der Sicherungsnehmer nicht darauf verlassen, etwas erworben zu haben. Übernimmt der Intermediär hingegen wie im Fall der Umbuchung eine aktive Rolle, kann und wird der Intermediär zuvor gegebenenfalls auch kontrollieren und prüfen, ob die betreffenden Werte bereits an eine dritte Person verpfändet wurden. Geht aber der Intermediär eine eigene Verpflichtung gegenüber dem Sicherungsnehmer ein, so haftet er diesem gegenüber auch persönlich. Daher trifft ihn im Fall der Unterdeckung, d. h. dann, wenn der verpfändete Wertebestand nicht ausreicht, um die Rechte der Pfandgläubiger zu befriedigen, die Verpflichtung, den Pfandgläubigern entsprechende Sicherheiten zu beschaffen. Gleichzeitig bedeutet dies im (Extrem-)Fall der Insolvenz des Intermediärs, dass bei Verpfändungen unter Umbuchungen ebenso wie bei Vollrechtsübertragungen der Verlust verhältnismäßig auf die Gläubiger verteilt werden muss, die an einem bestimmten Wertebestand des betreffenden Verpfänders ein Pfandrecht erworben haben. Konkurrieren hingegen Verpfändungen unter bloßer Abtretungsanzeige mit solchen unter Umbuchungen, so erwirbt ein Pfandgläubiger, zu dessen Gunsten keine Umbuchung erfolgt ist, nur dann ein Pfandrecht an dem Wertebestand, wenn seiner Pfandrechtsbestellung zeitliche Priorität zukommt. Daher kann auch nur ein solcher Pfandgläubiger im Extremfall der Insolvenz des Intermediärs an der eben beschriebenen verhältnismäßigen Verlustverteilung teilnehmen.

4. Begrenzung der Erwerbsmöglichkeit des Anlegers

Wie ausgeführt, erwirbt ein Anleger grundsätzlich auch dann ein quasidingliches Recht an den von seinem Intermediär gehaltenen Werten, wenn keine korrespondierende Belastungsbuchung erfolgte. Allerdings zeigt das Treuhandmodell auch hier die notwendigen und sinnvollen Grenzen dieses Rechtserwerbs auf. So kann auch ein Treuhänder über das Treugut treuwidrig verfügen. Da aber den Intermediären als Treuhändern die Verfügungsbefugnis über das Treugut zusteht, hindern auch im Innenverhältnis zu den Altanlegern treuwidrige Verfügungen grundsätzlich nicht den Rechtserwerb des Neuanlegers. Dennoch gibt es insoweit Grenzen der Erwerbsmöglichkeit des Anlegers. Zwar lehnt es der BGH in ständiger Rechtsprechung mit Hinweis auf § 137 BGB ab, die Grundsätze zum Missbrauch der Vertretungsmacht auf im Innenverhältnis zum Treugeber abredewidrige Verfügungen des Treuhänders zu übertragen.[34] Aber auch auf der Grundlage der Rechtsprechung des BGH können treuwidrige Verfügungen des Treuhänders gem. § 134 BGB i. V. m. § 266 StGB bzw. § 138 BGB unwirksam sein, wenn der Erwerber weiß, dass sein Vertragspartner Treuhänder ist und zudem Kenntnis davon hat, dass dieser gegen die Treuhandabrede verstößt und zum Nachteil des Treugebers handelt. Im Ausnahmefall kann daher bei Kenntnis des Anlegers von der Treuwidrigkeit der Verfügung der Rechtserwerb dieses Neuanlegers scheitern. Dennoch gilt festzuhalten: hierbei handelt es sich nicht um den Fall eines gutgläubigen Erwerbs, sondern darum, im Ausnahmefall die regelmäßig gegebene Erwerbsmöglichkeit zu begrenzen. Aus dem Gesagten folgt überdies, dass es für die Frage, ob der Erwerber Kenntnis von der Rechtswidrigkeit der Verfügung des Treuhänders im Innenverhältnis zu den bisherigen Anlegern hat, nicht auf die Kenntnis von – möglicherweise sogar höherstufigen – Intermediären ankommen kann. Vielmehr ist hierfür entweder die Person des Erwerbers selbst oder die Kenntnis dessen Vertreters maßgeblich, nicht aber die Person des verfügenden Intermediärs. Um dessen Verhalten bzw. die Kenntnis von dessen Verhalten als Treuwidrigkeit geht es ja gerade. Damit wird die hybride Konstruktion des heutigen Depotrechts vermieden, wonach dem Erwerber gegebenenfalls die Bösgläubigkeit des Zentralverwahrers – sozusagen als

[34] BGH NJW 1968, 1471.

Zwangsvertreter für den Erwerber handelnd – bei der Frage des gutgläubigen Erwerbs zugerechnet wird.

5. Pfändung der Werte

Damit bleibt noch die Frage, wie sich das Treuhandmodell auf die oben beschriebene Problematik von upper tier attachment auswirkt. Da die Rechtsinhaberstellung des Anlegers/Treugebers zunächst in einem schuldrechtlichen, wenn auch sozusagen quasidinglich verstärkten Anspruch besteht, kann diese Rechtsposition gem. § 829 ZPO,[35] im Fall eines noch bestehenden Anspruchs auf Auslieferung von Einzelurkunden i. V. m. §§ 846, 847 ZPO gepfändet werden. Da diese Ansprüche grundsätzlich nur gegenüber dem nächst höheren Intermediär bestehen und dieser Drittschuldner ist, können sie auch nur hier gepfändet werden. Insbesondere kann mit einem Titel gegen den Treugeber nicht in das Treugut des Fiduziars vollstreckt werden. Upper tier attachment ist daher ausgeschlossen. Im Übrigen sind die Anleger – wie bereits dargelegt – durch die Drittwiderspruchsklage gem. § 771 ZPO geschützt,[36] falls Gläubiger des Zentralverwahrers das Treugut pfänden lassen sollten.

6. Anlegerrechte

Ist der Zentralverwahrer fiduziarischer Eigentümer der Wertpapiere, stehen diesem zunächst auch die mit den Wertpapieren verbundenen Anlegerrechte einschließlich des Stimmrechts zu. Sicherlich folgt aus der Treuhänderstellung des Zentralverwahrers sowie der Intermediäre die Verpflichtung, diese Anlegerrechte im Interesse des Treugebers und damit letztlich des wirtschaftlich berechtigten Endinvestors auszuüben. Vorrang vor dem objektiv verstandenen Interesse hat aber dessen subjektiver Wille, zumal die hier

35 Vgl. Zöller/*Stöber*, ZPO, 23. Aufl. 2002, § 829 Rn. 33; BGHZ 11, 37, 43.

36 Vgl. BGHZ 11, 37, 41; Stein/Jonas/*Münzberg*, ZPO, 22. Aufl. 2002, § 771 Rn. 26; Zöller/*Herget*, ZPO, 23. Aufl. 2002, § 771 Rn. 14.

vorgeschlagene Treuhand zum Zweck der Vereinfachung der Wertpapierabwicklung und nicht deshalb besteht, um etwa den Anlegern ihre Einflussmöglichkeiten durch Stimmrechtsausübung zu nehmen. Daher ist der Endinvestor vor der Ausübung der Anlegerrechte zu befragen und dessen Meinung einzuholen.[37]

Allerdings hat der Endinvestor damit noch nicht die Möglichkeit, seine Anlegerrechte direkt auszuüben, obgleich er durchaus ein Interesse daran haben mag, selbst in der Hauptversammlung aufzutreten und dort seine Anlegerrechte, insbesondere sein Stimmrecht auszuüben. Aber auch die Intermediäre mögen ein Interesse daran haben, bestimmte Anlegerrechte nicht selbst ausüben zu müssen. Daher erscheint eine Regelung sach- und interessengerecht, wonach der Endinvestor auch im Außenverhältnis, etwa auch mit Wirkung gegenüber der Gesellschaft, deren Mitgliedschaftsrechte der Anleger hält, die mit den Wertpapieren verbundenen Rechte selbst und möglichst auch im eigenen Namen ausüben kann. Die grundsätzliche Möglichkeit der direkten Rechtsausübung könnte entweder gesetzlich, aber auch rechtsgeschäftlich geregelt werden; es stellt sich sogar die Frage, ob aus der Treuhandstellung des Zentralverwahrers zu dem begrenzten Zweck einer vereinfachten Wertpapierabwicklung auch ohne eine entsprechende gesetzliche oder rechtsgeschäftliche Ermächtigung folgt, dass der Endinvestor etwa auch zur gerichtlichen Geltendmachung von Rechten im eigenen Namen befugt ist. Immerhin wird in der Literatur bezogen auf ein anderes fiduziarisches Treuhandverhältnis, die Inkassozession, teilweise sogar vertreten, der Inkassozessionar, also der formale Rechtsinhaber, bedürfe eines schutzwürdigen Interesses, um die zu Inkassozwecken an ihn abgetretene Forderung einklagen zu können.[38] Danach wird also der formale Rechtsinhaber nach den

[37] Vgl. zur Verpflichtung des Verwaltungstreuhänders, den Weisungen des Treugebers Folge zu leisten, statt vieler MüKo/*Roth,* BGB, 4. Aufl. 2003, § 398 Rn. 43.

[38] Vgl. MüKo/*Lindacher,* ZPO, 2. Aufl. 2000, Vor § 50 Rn. 69; Wieczorek-Schütze/*Hausmann,* ZPO, 3. Aufl. 1994, vor § 50 Rn. 88; AG Kassel NJW-RR 1990, 1259.

Grundsätzen der gewillkürten Prozessstandschaft behandelt, während die Prozessführungsbefugnis des wirtschaftlich Berechtigten außer Frage steht. Auch wenn diese Auffassung nicht als h.M.[39] bezeichnet werden kann, lässt sich aus dem begrenzten Zweck des hier favorisierten Treuhandmodells m.E. gut begründen, warum eine direkte Ausübung der Anlegerrechte durch den Endinvestor jedenfalls nicht systemwidrig wäre. Zugegebenermaßen steht die direkte Rechtsausübung durch den wirtschaftlich Berechtigten allerdings unter dem Vorbehalt, dass dies nach dem sog. Wertpapierrechtsstatut, also der Rechtsordnung zulässig ist, die auf das verbriefte Recht zur Anwendung gelangt.

Sofern auf eine Gesellschaft deutsches Recht zur Anwendung gelangt, könnte einer direkten Ausübung von Mitgliedschaftsrechten durch den Endinvestor jedoch das sog. Abspaltungsverbot entgegenstehen. Nach diesem Grundsatz sind Mitverwaltungsrechte nicht von der Mitgliedschaft abtrennbar. Sinn und Zweck des Abspaltungsverbots ist aber die Einheit von Herrschaft und Haftung; sichergestellt werden soll also, dass diejenigen, die die Stimm- und sonstigen Mitgliedschaftsrechte ausüben, mit ihrem Anteil von den von ihnen selbst gefällten Entscheidungen auch betroffen sind. Da bei dem hier vorgestellten Modell die Endinvestoren die wirtschaftlich Betroffenen sind, wird von dem Sinn und Zweck des Abspaltungsverbots also zumindest die Bindung des Treuhänders an die Weisungen des Treugebers gefordert;[40] Sinn und Zweck des Abspaltungsverbots steht aber auch der direkten Ausübung der Mitgliedschaftsrechte durch den Endinvestor nicht entgegen.[41]

39 Nach h.M. ist der Inkassozessionar als Rechtsinhaber prozessführungsbefugt, vgl. BGH NJW 1980, 991; BGH WM 1985, 613, 614; Zöller/*Vollkommer*, ZPO, 23. Aufl. 2002, vor § 50 Rn. 48.

40 So bereits *Reuter*, Privatrechtliche Schranken der Perpetuierung von Unternehmen, 1973, S. 224–227.

41 Vgl. auch *Schmidt*, Gesellschaftsrecht, 4. Aufl. 2002, § 19 III 4. b) (S. 562), der eine Ermächtigung oder unwiderrufliche Bevollmächtigung des Treugebers durch den Treuhänder jedenfalls nicht für eine willkürliche Abspaltung von Mitgliedschaftsrechten, sondern für eine Offenlegung und Sanktionierung

7. Internationale Kompatibilität

Bei der Frage nach der internationalen Kompatibilität zeigt sich der vielleicht größte Vorteil dieser Treuhandlösung. Da der Treugeber eine zunächst schuldrechtliche, wenn auch sozusagen quasi-dinglich verstärkte Rechtsposition aus dem Treuhandverhältnis hat, unterliegt das Rechtsverhältnis zwischen dem Treugeber und dem Treuhänder nach herrschender, zutreffender Ansicht in der Literatur sowie der Rechtsprechung des BGH der schuldvertraglichen Rechtswahlfreiheit gem. Artt. 27ff. EGBGB.[42] Bei Fehlen einer Rechtswahlvereinbarung unterstehen die Rechte des Kunden gegen seinen Intermediär gem. Art. 28 Abs. 2 EGBGB der Rechtsordnung, in der der Intermediär seine Haupt- bzw. Zweigniederlassung hat. Diese kollisionsrechtliche Anknüpfung wie auch die gesonderte rechtliche Beurteilung der verschiedenen Stufen der Verwahrpyramide harmoniert bestens mit dem Ansatz des Haager Übereinkommens über die auf bestimmte Rechte in Bezug auf intermediär-verwahrte Wertpapiere anzuwendende Rechtsordnung.

8. Gesamtbewertung

Sowohl national, aber auch international wirft das heutige miteigentumsrechtliche Konzept des Depotgesetzes erhebliche Probleme auf. Das Modell einer fiduziarischen Treuhand vermag nicht nur die Frage nach dem Schutz des Rechtsverkehrs bei Verfügungsgeschäften über Wertpapiere sowie das Problem von deren Pfändung besser zu lösen, sondern stellt insbesondere auch internationale Kompati-

der wirtschaftlich bereits durchgehend vollzogenen Spaltung der Mitgliedschaft hält.

42 Vgl. hierzu im Einzelnen *Einsele,* Wertpapierrecht als Schuldrecht – Funktionsverlust von Effektenurkunden im internationalen Rechtsverkehr, 1995, S. 433–435; vgl. auch *Coing,* Die Treuhand kraft privaten Rechtsgeschäfts, 1973, S. 209f.; BGH NJW 1959, 1317, 1318; BGH IPRspr. 1968/69 Nr. 160; *Czermak,* Der express trust im internationalen Privatrecht, 1986, S. 217–220; Staudinger/*Magnus,* BGB, 13. Bearb. 2002, Art. 37 EGBGB Rn. 14; Soergel/*v. Hoffmann,* 12. Aufl. 1996, Art. 37 EGBGB Rn. 9.

bilität her. Probleme im Bereich der Ausübung der Anlegerrechte lassen sich m. E. im Hinblick auf den begrenzten Treuhandzweck systemkonform lösen.

Das neue Bucheffektenmodell des schweizerischen Rechts

Hans Kuhn

Gliederung

A. Einleitung

Seit mehreren Jahren laufen auch in der Schweiz Arbeiten, welche eine Modernisierung des Rechts der Wertpapierverwahrung durch Intermediäre („mediatisierte Wertpapierverwahrung“) zum Ziel haben. Seit Mitte 2004 liegt dazu ein Entwurf zu einem „Bundesgesetz über die Verwahrung und Übertragung von Bucheffekten“ (Bucheffektengesetz, E-BEG) vor.[1] Dreh- und Angelpunkt des Entwurfs ist das Konzept der Bucheffekte. Bucheffekten sind nach der Legaldefinition des Entwurfs vertretbare Forderungs- oder Mitgliedschaftsrechte gegenüber einem Emittenten, die dem Effektenkonto eines Kontoinhabers gutgeschrieben sind, über die durch Gutschrift in einem Effektenkonto verfügt werden kann und die der Verwahrungsstelle und jedem Dritten gegenüber wirksam sind (Art. 4 Abs. 1 E-BEG). Nach dem Expertenbericht handelt es sich dabei um „ein neues Vermögensobjekt *sui generis*“.[2] Der Entwurf schlägt damit eine grundsätzliche Abkehr vom geltenden Recht vor, das zumindest die Verwahrungsformen Sammelverwahrung und Glo-

1 Vgl. dazu „Bericht der vom Eidg. Finanzdepartement eingesetzten Technischen Arbeitsgruppe zum Entwurf eines [Bucheffektengesetzes] sowie zur Ratifikation des [Haager Wertpapierübereinkommens] vom 15. Juni 2004 [zit. Expertenbericht], veröffentlicht unter http://www.efd.admin.ch/d/dok/berichte/2004/12/bucheffekten.pdf.

2 Expertenbericht, S. 34.

balurkunde auf einer modifizierten Form des Miteigentums aufbaut.

Dieser Beitrag hat zum Ziel, das Bucheffektenmodell des Schweizer Entwurfs sowie die Gründe für seine Einführung näher zu erläutern. Dazu wird in einem ersten Teil das geltende Recht der mediatisierten Wertpapierverwahrung in der Schweiz im Überblick dargestellt (dazu sogleich Ziff. 2). Sodann werden der Reformbedarf dieses Rechts sowie der Stand der Arbeiten erläutert (hinten Ziff. 3). Der Hauptteil des Entwurfs gibt einen Überblick über den Entwurf zu einem Bucheffektengesetz und erläutert insbesondere das Modell der Bucheffekte (hinten Ziff. 4). Das Schwergewicht liegt dabei auf den konzeptionellen Grundlagen; Bestimmungen, die für das Verständnis des Konzepts nicht unmittelbar von Bedeutung sind, werden nicht oder nur kurz erläutert. Eine kurze Würdigung schliesst den Beitrag ab (hinten Ziff. 5).

B. Die mediatisierte Wertpapierverwahrung im schweizerischen Recht de lege lata

I. Grundlagen

Obwohl die Immobilisierung und Entmaterialisierung der Kapitalmarktpapiere in der Schweiz weit vorangeschritten ist, finden sich im geltenden schweizerischen Recht nur punktuell gesetzliche Regelungen, die darauf Bezug nehmen. Der rechtliche Rahmen der mediatisierten Wertpapierverwahrung ergibt sich deshalb überwiegend aus Bestimmungen des Wertpapierrechts,[3] des Sachenrechts[4] und des Obligationenrechts sowie des Schuldbetreibungs- und Kon-

[3] Das Wertpapierrecht ist in der 5. Abteilung des Obligationenrechts (OR, SR 220) geregelt: vgl. Art. 965 ff. OR. Sämtliche hier zitierten Gesetzestexte sind abrufbar unter http://www.admin.ch/ch/d/sr/sr.html.

[4] Art. 641 ff. Zivilgesetzbuch (ZGB, SR. 210).

kursgesetzes.[5] Diese allgemeingültigen Rechtsgrundlagen werden durch eine Reihe von Rechtsgutachten sowie durch die vertraglichen Vereinbarungen zwischen Betreibern von und Teilnehmern an Effektenabwicklungs- und -abrechnungssystemen ausgelegt und angepasst.

An sondergesetzlichen Regelungen ist Art. 2 Bst. a des Börsengesetzes[6] von 1995 zu erwähnen. Mit Erlass dieser Bestimmung fand das Konzept der Wertrechte gesetzliche Anerkennung, wobei Wertrecht definiert ist als nicht verurkundetes Recht mit gleicher Funktion wie vereinheitlichte und zum massenweisen Handel geeignete Wertpapiere. Allerdings weist diese Legaldefinition keinen materiellen Gehalt auf; insbesondere wurde nicht der Versuch unternommen, die Anforderungen an die Funktionsäquivalenz gesetzlich näher zu umschreiben. Für die mediatisierte Wertpapierverwahrung ebenfalls von grosser Bedeutung sind die 1996 in das Bankengesetz[7] eingefügten Art. 16 und 37*b* BankG. Damit ist dem Hinterleger im Konkurs seiner Depotstelle ein Anrecht an den Depotbeständen eingeräumt worden, das auch dann gilt, wenn es sich um Wertrechte handelt.[8]

Dass die mediatisierte Wertpapierverwahrung in der Schweiz bislang weitgehend auf der Grundlage des allgemeinen bürgerlichen Rechts bewältigt wurde, hat insbesondere zur Folge, dass aus rechtlicher Sicht strikte zwischen sachen- und schuldrechtlichen Konzepten zu unterscheiden ist. Sachenrechtliche Regeln finden nur auf die Konzepte Sammelverwahrung und Globalurkunde Anwendung,

5 Bundesgesetz vom 11. April 1889 über Schuldbetreibung und Konkurs (SchKG); SR 281.1.

6 Bundesgesetz vom 24. März 1995 über die Börsen und den Effektenhandel (BEHG); SR 954.1.

7 Bundesgesetz vom 8. November 1934 über die Banken und Sparkassen (BankG); SR 952.0. Die Art. 16 und 37 b BankG wurden durch Ziff. 17 des Anhang zum revidierten SchKG (AS 1996, 1313) in das BaG eingefügt.

8 Eine vergleichbare Regelung gilt mit Art. 16 des Bundesgesetzes vom 18. März 1994 über die Anlagefonds (AFG, SR. 951.31) für Sachen und Rechte, die zum Anlagefonds gehören; auch diese werden zugunsten der Anleger abgesondert.

während das System der Wertrechte grundsätzlich schuldrechtlichen Regelungen unterliegt.

II. Sammelverwahrung

Grundlage der mediatisierten Wertpapierverwahrung bildete seit der Gründung der Schweizerischen Effekten-Giro AG (Sega) als Zentralverwahrerin das Konzept der Sammelverwahrung. Diese beruht rechtlich auf der von PETER LIVER[9] entwickelten Rechtsfigur des modifizierten und labilen Miteigentums. Modifiziert ist das Miteigentum, weil unter den Miteigentümern nur theoretische Rechtsbeziehungen bestehen; und labil ist es insofern, als der Hinterleger seinen Anteil jederzeit herausverlangen kann, ohne dass dazu die Mitwirkung der anderen Hinterleger notwendig ist.[10] Grundlage des Konzepts bildet Art. 484 OR, eine Bestimmung des Hinterlegungsvertragsrechts, wonach der Lagerhalter eine Vermengung vertretbarer Güter mit anderen der gleichen Art und Güte nur mit ausdrücklicher Zustimmung des Hinterlegers vornehmen darf. Gemäss anerkannter Lehre und Rechtsprechung erwerben die Deponenten nach erfolgter Vermengung an sämtlichen hinterlegten Gegenständen gleicher Art und Güte Miteigentum im Verhältnis der von ihnen hinterlegten Anzahl Titel zum jeweiligen Sammeldepotgesamtbestand.[11] Mit der Sammelverwahrung entstehen gestufte Besitzverhältnisse (Art. 920 ZGB): Der Hinterleger bleibt mittelbarer Besitzer der Effekten; bei der Haussammelverwahrung wird die Depotbank unmittelbare Besitzerin; bei der Drittsammelverwahrung erwirbt die Depotbank ebenfalls mittelbaren und die zentrale Verwahrungsstelle unmittelbaren Besitz.

9 *Peter Liver*, Gutachten für die Schweizerische Bankiervereinigung über das Effekten-Giro-Sammeldepot-System, 19. Juli 1963; *ders.*, Ergänzungsgutachten für die Schweizerische Bankiervereinigung über das Effekten-Giro-Sammeldepot-System, 15. Juli 1969.

10 *Arthur Meier-Hayoz/Hans Caspar von der Crone*, Wertpapierrecht, 2. Aufl. 2000, § 25 Rn. 13.

11 *ZK-Haab/Simonius/Scherrer/Zobl*, Art. 727 ZGB, Rn. 94 a.

Die Sammelverwahrung setzt eine entsprechende Ermächtigung der Depotbank durch den Hinterleger im Depotvertrag voraus, der nach Auftrags- und Hinterlegungsvertragsrecht zu beurteilen ist.[12] Die Übertragung der Miteigentumsanteile an sammelverwahrten Effektenbeständen erfolgt aus *rechtlicher* Sicht (nicht aber faktisch) ausschliesslich durch Übertragung des Besitzes an der Urkunde (Art. 967 Abs. 1 OR). Das gilt auch für Ordrepapiere (vgl. Art. 967 Abs. 2 OR), die mittels Blankoindossament sammelverwahrfähig gemacht werden müssen. Die Besitzübertragung erfolgt durch Anweisung des mittelbaren selbständigen Besitzers an den unmittelbaren Besitzer, in Zukunft einer anderen Person den Besitz zu vermitteln (Besitzanweisung, Art. 924 ZGB).[13] Die Verbuchung der Übertragung durch die Depotbank bzw. die zentrale Verwahrungsstelle hat aus *rechtlicher* Sicht (nicht aber faktisch) bloss deklaratorische Bedeutung, da das Eigentum bereits mit der Besitzanweisung, d. h. mit Empfang der Anzeige durch den Besitzmittler (Art. 924 Abs. 2 ZGB), übergegangen ist.

III. Globalurkunden

Seit Mitte der 1980er-Jahre wurde die Sammelverwahrung zunehmend durch das System der Globalurkunde abgelöst, das heute für Schuldverschreibungen sowie Anlagefondsanteile vorherrschend ist. Gesetzliche Grundlagen dieser Verwahrungsform bilden die Art. 727 ZGB und 484 OR.[14] Entwickelt wurde das Konzept Mitte der 1980er-Jahre in Gutachten von *Robert Patry*[15] und *Peter*

12 *ZK-Haab/Simonius/Scherrer/Zobl*, Art. 727 ZGB, Rn. 94 a; *Meier-Hayoz/von der Crone* (Fn. 10), § 25 Rn. 16 f.

13 Vgl. BSK-*Stark*, Art. 924 ZGB Rn. 1; vgl. auch BGE 121 III 85, 87.

14 *ZK-Haab/Simonius/Scherrer/Zobl*, Art. 727 ZGB, Rn. 94 d; BGE 112 II 406 ff.

15 *Robert Patry*, Gutachten für die Schweizerische Bankiervereinigung zur Frage der Begebung von globalurkundlich verbrieften Anleihen (Globalurkunden), 2. April 1985; *ders.*, Ergänzungsgutachten für die Schweizerische Bankiervereinigung zur Frage der Globalurkunden, 16. August 1985.

Forstmoser.[16] Auch das System der Globalurkunde beruht somit auf einem sachenrechtlichen Konzept.[17] Die Anleger haben Miteigentum am Gesamtbestand der in einer Urkunde verbrieften Rechte, und zwar im Verhältnis der von ihnen gehaltenen Anzahl Rechte zum Gesamtbestand. Dieses Miteigentumskonzept ist vergleichbar mit demjenigen bei der Sammelverwahrung. Verschieden ist einzig das Objekt des Miteigentums: Bei der Sammelverwahrung besitzt der Anleger Miteigentum an einer Vielzahl von Wertpapieren, während bei der Globalurkunde einzig diese Urkunde als Einzelsache Miteigentumsgegenstand ist.[18] Die Verfügung über die Miteigentumsanteile an global verurkundeten Effekten erfolgt nach den gleichen Grundsätzen wie bei der Sammelverwahrung, d. h. durch Besitzanweisung (Art. 924 Abs. 1 ZGB) an die zentrale Verwahrungsstelle.

IV. Wertrechte

Mitte der 1990er-Jahre schliesslich wurde mit der Einführung des Konzepts der Wertrechte der Schritt zur vollständigen Entmaterialisierung getan. Wertrechte sind nach der Legaldefinition von Art. 2 Bst. a BEHG nicht verurkundete Rechte mit gleicher Funktion wie Wertpapiere.[19] Bei den Wertrechten ist die Loslösung des Rechts von der Urkunde vollständig verwirklicht. Sie haben nach in der Schweiz herrschender Lehre keinen dinglichen Charakter mehr, sondern stellen rein obligatorische Rechte. Daraus wird abgeleitet, dass sie nach zessionsrechtlichen Grundsätzen (Art. 164 ff. OR) übertragen und nach den Vorschriften über die Forderungsverpfändung (Art. 899 f. ZGB) verpfändet werden. Das heisst insbesondere, dass

16 *Peter Forstmoser*, Gutachten für die Schweizerische Bankiervereinigung über die börsenmäßige Behandlung von Globalurkunden, 2. Oktober 1986.

17 *Meier-Hayoz/ von der Crone* (Fn. 10), § 25 Rn. 26.

18 *Dieter Zobl/Claude Lambert*, Zur Entmaterialisierung der Wertpapiere, SZW 1991, 128.

19 Vgl. *Christoph Brunner*, Wertrechte – nicht verurkundete Rechte mit gleicher Funktion wie Wertpapiere, Bern 1996, S. 187.

für die Übertragung und Verpfändung die Schriftform zu beachten ist.[20] Eine Minderheit der Lehre[21] lehnt die Anwendung der zessionsrechtlichen Grundsätze auf die Übertragung von Wertrechten mit der Begründung ab, dass hinsichtlich der Übertragung von Wertrechten eine Gesetzeslücke bestehe, die durch die Anerkennung des Bucheintrags als konstitutiver Übertragungsakt für Wertrechte zu schliessen sei. Obwohl überzeugend, hat sich diese Lehrmeinung bis heute nicht durchsetzen können.

C. Reformbedarf und Stand der Arbeiten

I. Reformbedarf

Der rechtliche Rahmen der mediatisierten Wertpapierverwahrung in der Schweiz hat sich insofern bewährt, als er bis heute nie in einem gerichtlichen oder anderen Verfahren in Frage gestellt worden wäre. Das lässt sich damit erklären, dass die mit der Wertpapierverwahrung befassten Finanzintermediäre grosse Anstrengungen unternommen haben, um den Funktionsverlust der Wertpapiere durch den Aufbau anderer Funktionalität zu substituieren.[22] Das Fehlen von Rechtsprechung bedeutet allerdings auch, dass die von der Praxis entwickelten Konzepte bis heute nicht wirklich getestet worden sind.

Dennoch besteht in der schweizerischen Lehre[23] und Praxis heute breiter Konsens, dass sich die mediatisierte Wertpapierverwahrung

20 Für die Abtretung ist ein schriftlicher Abtretungsvertrag (Art. 165 Abs. 1 OR) und für die Verpfändung ein schriftlicher Pfandvertrag (Art. 900 Abs. 1 ZGB) erforderlich. Vgl. Peter *Forstmoser/Thomas Lörtscher*, Namenaktien mit aufgeschobenem Titeldruck, SAG 59 (1987), 51 f.; *Zobl/Lambert* (Fn. 18), S. 129; *Meier-Hayoz/von der Crone* (Fn. 10), § 25 Rn. 35.

21 Vgl. *Brunner* (Fn. 19), S. 204 ff.

22 So auch *Zobl/Lambert* (Fn. 18), S. 133, 134

23 Vgl. *Zobl/Lambert* (Fn. 18), 129; *Jean Nicolas Druey*, Die Entmaterialisierung des Wertpapiers, Einige rechtsvergleichende Hinweise, SAG 59 (1987), 69 f.; *Arthur Meier-Hayoz*, Abschied vom Wertpapier?, ZBJV 122 (1986), 388 ff.; *Meier-*

auf Dauer nicht auf der Grundlage eines gesetzlichen Rahmens bewältigen lässt, der im Wesentlichen im 19. Jahrhundert gezimmert worden ist. Auch die die BEG-Arbeitsgruppe kam deshalb zum Schluss, „dass die geltenden Rechtsgrundlagen Rechtssicherheit und Klarheit im Rechtsverkehr nicht hinreichend zu gewährleisten vermögen".[24]

Entscheidende Impulse hat die Reform des Rechts der mediatisierten Wertpapierverwahrung insbesondere aus dem Verkehr mit institutionellen Investoren und mit ausländischen Finanzmarktaufsichtsbehörden erhalten. Hier wurde es in den vergangenen Jahren zunehmend schwieriger, das schweizerische System zufrieden stellend zu erklären. Das lässt sich nicht zuletzt auch damit erklären, dass Finanzmarktteilnehmer der Kontrolle von rechtlichen und operationellen Risiken zunehmende Aufmerksamkeit widmen. Das Inkrafttreten von Basel II wird diesen Trend nochmals verstärken.

Mit der Internationalisierung der Wertpapiermärkte sind auch die Schwierigkeiten bei der rechtlichen Untermauerung von grenzüberschreitenden Verwahrungsverhältnissen gewachsen. Die Harmonisierung des internationalen Privatrechts der mediatisierten Wertpapierverwahrung durch das Haager Wertpapierübereinkommen und durch die EU-Finalitäts- und die Finanzsicherheitenrichtlinien haben diese Probleme an den Schnittstellen der Rechtsordnungen nicht entscheidend gemildert.

Selbst in einer reinen Binnensicht ist zwar festzuhalten, dass die rechtlichen Grundlagen für die Konzepte Sammelverwahrung und Globalurkunde dogmatisch auf festem Boden stehen. Die Realität

Hayoz/von der Crone (Fn. 10), 334; *Peter Nobel*, Schweizerisches Finanzmarktrecht, 1997, S. 439; *Forstmoser/Lörtscher* (Fn. 20), 64; *Peter Forstmoser*, Das schweizerische Kapitalmarktrecht in Bewegung, in Bankwirtschaftliche Konsequenzen neuerer Rechtsentwicklungen, Bern 1992, S. 4; BSK-*Furter*, Art. 965 OR Rn. 24. Gegen neue gesetzliche Regelungen: *Beat Kleiner*, Zäher Abschied vom Wertpapier im Effektenbereich, SZW 1995, 292, 295.

24 Expertenbericht, S. 30.

der Wertpapiermärkte hat sich jedoch auch hier derart weit von den Vorstellungen des Gesetzgebers entfernt, dass Unklarheiten und Unsicherheiten unvermeidlich sind. So erfolgt die Verfügung über sammelverwahrte und global verurkundete Wertpapiere aus rechtlicher Sicht durch Besitzanweisung, faktisch jedoch durch Bucheintrag.[25] Da die Besitzanweisung eine empfangsbedürftige Willenserklärung ist und damit bereits mit Zugang beim Empfänger Wirkung entfaltet, kann ein Eigentumsübergang vorliegen, bevor die Buchung erfolgt ist. Was den Verkehrsschutz betrifft, so steht für sammelverwahrte Wertpapiere und Globalurkunden zwar ausser Frage, dass hier die sachenrechtlichen Verkehrsschutzregeln (Art. 933 ff. ZGB) zur Anwendung gelangen. Diese stellen jedoch auf den Besitz des unberechtigten Veräußerers als Rechtsscheinsgrundlage ab. Für die mediatisierte Wertpapierverwahrung mit ihren mehrfach gestuften und von aussen nicht überblickbaren Besitzverhältnissen ist diese Regelung indessen untauglich.[26] Schliesslich haben sammelverwahrte oder global verurkundete Wertpapiere auch für die Geltendmachung des Rechts (Legitimationsfunktion) ihre Bedeutung faktisch eingebüsst.[27] Praxis und Rechtswirklichkeit klaffen deshalb auch hier teilweise weit auseinander. Die BEG-Arbeitsgruppe kommt deshalb zum Schluss, dass „die geltenden Rechtsgrundlagen [in jedem Fall] alles andere als einfach zu überblicken [sind], was das Risiko von Missverständnissen und Fehleinschätzungen in sich birgt. Eine kohärente und transparente gesetzliche Regelung schafft Rechtssicherheit und minimiert damit heute anfallende Transaktionskosten“.[28]

Selbst wenn der rechtliche Rahmen der mediatisierten Wertpapierverwahrung auf festen Grundlagen beruht, so ist er doch alles andere als einfach verständlich, was das Risiko von Missverständnissen und Fehleinschätzungen in sich birgt. Im Ergebnis führt das zu

25 *Zobl/Lambert* (Fn. 18), 131.
26 *Zobl/Lambert* (Fn. 18), S. 133.
27 *Zobl/Lambert* (Fn. 18), S. 133.
28 Expertenbericht, S. 30.

Transaktionskosten, die mit einer kohärenten und transparenten gesetzlichen Regelung vermeidbar sind.

II. Stand der Arbeiten

Die Initiative zur Modernisierung des schweizerischen Wertpapierrechts ging schliesslich von der Finanzindustrie aus. 2001 setzten die Schweizerische Bankiervereinigung sowie der Zentralverwahrer SegaInterSettle (SIS) eine Arbeitsgruppe aus Finanzmarktjuristen ein, die Anfang 2003 einen Entwurf zu einem sog. Wertpapierverwahrungsgesetz (WVG) vorlegten[29]. Dieser Entwurf kodifizierte im Wesentlichen die Systeme Sammelverwahrung, Globalurkunde und Wertrecht. Grundsätzlich wird dabei an das heute geltende Konzept des modifizierten und labilen Miteigentums angeknüpft (Art. 7 VE-WVG für sammelverwahrte Wertpapiere, Art. 11 VE-WVG für Globalurkunden), das für Wertrechte als sinngemäss anwendbar erklärt wird (Art. 18 VE-WVG). Ferner anerkennt der Entwurf die konstitutive Wirkung der Buchung im Depotkonto des Anlegers für die Übertragung und Verpfändung von Sammelbeständen. Diese Vorschriften gelten für alle drei Verwahrungsformen gleichermassen (vgl. Art. 21–26 VE-WVG).

Zur weiteren Bearbeitung des Vorentwurfs setzte das Finanzdepartement im April 2003 eine technische Arbeitsgruppe mit Vertretern der Industrie, der Aufsichtsbehörden und der Anwaltschaft ein. Die Arbeitsgruppe hatte den Auftrag, den Vorentwurf zu überarbeiten und Differenzen zu bereinigen; ausserdem sollte sie prüfen und sicherstellen, dass der Vorentwurf mit dem HWpÜ und der schweizerischen Rechtsordnung kompatibel sei. Die Arbeitsgruppe schloss

29 Vgl. Entwurf zu einem Bundesgesetz über die Verwahrung und Verwaltung von Wertpapieren und Bucheffekten (Wertpapierverwahrungsgesetz, WVG) v. 6. Januar 2003, verfügbar unter http://www.vondercrone.ch/WVG%2006.01.2003.pdf. Zu dem Entwurf *Hans Caspar von der Crone/Franz J. Kessler/Andreas Gersbach*, Der Entwurf zu einem schweizerischen Wertpapierverwahrungsgesetz (WVG), in Peter Nobel (Hrsg.), Aktuelle Rechtsprobleme des Finanz- und Börsenplatzes Schweiz, Bd. 11/2002+2003, Bern 2004, S. 135 ff.

ihre Arbeiten im Frühsommer 2004 ab und legte einen Entwurf zu einem Bundesgesetz über die Verwahrung und Übertragung von Bucheffekten vor, der in einem ausführlichen Bericht erläutert wurde. Konzeptionell steht das Bucheffektengesetz auf vollständig neuen Grundlagen, indem das Miteigentumsmodell des Wertpapierverwahrungsgesetzes durch das Konzept der Bucheffekte, die als Vermögensobjekt sui generis verstanden wird, ersetzt wurde. Auch die Verfügung über Bucheffekten wurde in wesentlichen Punkten weiterentwickelt. Der Entwurf ging Ende 2004 in ein Konsultationsverfahren bei Industrie und Wissenschaft, das im Frühjahr 2005 abgeschlossen wurde. Die Reaktionen auf den Entwurf waren gesamthaft günstig. Sämtliche Teilnehmer an dem Konsultationsverfahren bejahten den Reformbedarf und erachteten den Entwurf als taugliche Grundlage für die Modernisierung des schweizerischen Rechts der mediatisierten Wertpapierverwahrung.[30] Über das weitere Vorgehen war bei Fertigstellung dieses Beitrags noch nicht entschieden.

D. Der Entwurf für ein Bucheffektengesetz

Der Entwurf umfasst sechs Kapitel mit 31 Artikeln. Kapitel 1 regelt Zweck und Geltungsbereich; ausserdem findet sich hier in Art. 4 die Legaldefinition des Systembegriffs Bucheffekte. In Kapitel 2 finden sich Vorschriften über die Entstehung und den Untergang von Bucheffekten. Kapitel 3 sagt, was der Inhalt des Vermögensobjekts Bucheffekte ist. Kapitel 4 regelt die Verfügung über Bucheffekten. Das aus einem einzigen Artikel bestehende Kapitel 5 stellt Vorschrif-

[30] Verschiedene Teilnehmer haben ihre Stellungnahmen veröffentlicht, so die Schweizerische Bankiervereinigung (vgl. http://www.swissbanking.org/vernehml-bucheffektenge-050228.pdf), die International Swaps and Derivatives Association (vgl. http://www.isda.org/speeches/pdf/Switzerland-Kommentar-BucheffektenGFeb-28-05.pdf) sowie des Wirtschaftsdachverbandes Economiesuisse (vgl. http://www.economiesuisse.ch/d/content.cfm?upid=2C411D9C-514F-45CC-B6DB48088B78B0E3&type=pdf&filetype=pdf).

ten über die Haftung der Verwahrungsstelle auf; Kapitel 6 schliesslich umfasst die üblichen Übergangs- und Schlussbestimmungen. Im Anhang zum Gesetz finden sich Anpassungen anderer Gesetzes, wobei hier insbesondere auf die Art. 973 a–973 c Obligationenrecht hingewiesen sei, die in den Allgemeinen Teil des Wertpapierrechts eingefügt werden sollen und welche die Konzepte Sammelverwahrung, Globalurkunde und Wertrecht kodifizieren.

I. Zweck und Geltungsbereich

Der Vorentwurf der Expertenkommission zu einem Bundesgesetz über die Verwahrung und Übertragung von Bucheffekten (Bucheffektengesetz) nennt als Zweck die Schaffung einheitlicher Rechtsgrundlagen für die Verwahrung von Wertpapieren und Wertrechten durch Finanzintermedäre sowie für deren Übertragung (Art. 1 Abs. 1 S. 1 E-BEG). Das Gesetz will dadurch den Schutz der Eigentumsrechte der Anleger gewährleisten und zur Effizienz der Wertpapierabwicklung sowie zur Stabilität des Finanzsystems beitragen (Art. 1 Abs. 1 S. 2 E-BEG). Als weiteres Ziel nennt das Gesetz Rechtssicherheit bei der grenzüberschreitenden Abwicklung von Wertpapiergeschäften, insbesondere durch Anerkennung von international anerkannten Standards. Im Vordergrund stand dabei der Entwurf zu einem Unidroit-Wertpapier-Übereinkommen,[31] der ein wichtiger Orientierungspunkt für das Bucheffektengesetz war.[32]

Der persönliche Geltungsbereich des Entwurfs ist beschränkt auf Verwahrungsstellen, die Effektenkonten führen (Art. 2 Abs. 1 E-BEG). Als Verwahrungsstellen kommt nur ein beschränkter Kreis

31 Vgl. Preliminary Draft Convention on Harmonised Substantive Rules regarding Securities held with an Intermediary, Unidroit 2004, Study LXXVIII – Doc. 19 (Dezember 2004).

32 Vgl. Expertenbericht, S. 40. Die Arbeiten in der Schweiz und diejenigen am Unidroit-Instrument liefen weitgehend parallel. Der Informationsaustausch wurde sichergestellt, indem Luc Thévenoz, der Vizepräsident der Unidroit-Studiengruppe, ebenfalls Mitglied der schweizerischen Expertenkommission war.

von Finanzintermediären in Betracht (vgl. Art. 5 Abs. 1 E-BEG). Das lässt sich damit begründen, dass der Entwurf den Übergang des Eigentums und die Begründung von beschränkten dinglichen Rechten an Bucheffekten vom Eintrag in private Bücher abhängig macht. Das setzt voraus, dass diese Bücher hohe Gewähr für Richtigkeit und Zuverlässigkeit bieten. Bei Finanzintermediären, deren Geschäftstätigkeit einer strengen Aufsicht und Regulierung unterliegt, ist diese Gewähr in ausreichendem Masse gegeben[33]. Aus der Beschränkung des persönlichen Geltungsbereichs folgt, dass der Entwurf Sonderprivatrecht schafft, das dem allgemeinen Wertpapierrecht als *lex specialis* vorgeht und dieses insoweit verdrängt.

Sachlich regelt der Entwurf die sachenrechtlichen Aspekte der Wertpapierverwahrung durch Finanzintermediäre (sog. mediatisierte Wertpapierverwahrung). Insbesondere finden sich im Bucheffektengesetz Bestimmungen über die Rechte und Pflichten von Kontoinhaber und Verwahrungsstelle (3. Kapitel, Art. 11–19) sowie die Verfügung über Bucheffekten (4. Kapitel, Art. 20–27). Demgegenüber stehen die Konzepte Sammelverwahrung, Globalurkunde und Wertrechte nicht im Mittelpunkt der Regelung. Sind Wertpapiere oder Wertrechte erst einmal einem Depotkonto gutgeschrieben, kommt es jedoch nicht mehr darauf an, ob sie durch Hinterlegung eines einzelnen oder vieler Wertpapiere oder durch Registrierung eines Wertrechts entstanden sind. Weder für die Beziehungen zwischen Anleger und Verwahrungsstelle noch für die Übertragung von Bucheffekten ist die Ausgestaltung des unterliegenden Rechts von Bedeutung. Deshalb setzt das Bucheffektengesetz die Konzepte Sammelverwahrung, Globalurkunde und Wertrecht zwar voraus, regelt sie selber jedoch nicht. Stattdessen schlägt die Expertenkommission eine knappe gesetzliche Regelung in der 5. Abteilung des Obligationenrechts, welche das Wertpapierrecht kodifiziert, vor (vgl. Art. 973 a–973 c OR).

33 Vgl. Expertenbericht, S. 35.

Nichts sagt der Entwurf zu seinem räumlichen Geltungsbereich. Dieser bestimmt sich zur Zeit nach den Vorschriften des Bundesgesetzes über das internationale Privatrecht (IPRG), wobei je nach dem zugrunde liegenden Verwahrungskonzept die Vorschriften des internationalen Sachenrechts (Art. 100 ff. IPRG) oder des internationalen Abtretungsrechts (Art. 145 IPRG) einschlägig sind.[34] Das autonome Kollisionsrecht soll möglichst rasch durch das Haager Wertpapierübereinkommen abgelöst werden, dessen Ratifikation durch die Expertenkommission empfohlen wird.

II. Die Bucheffekte als Vermögensobjekt *sui generis*

1. Begriff

Dreh- und Angelpunkt des Entwurfs ist der Begriff der Bucheffekte. Die Legaldefinition in Art. 4 umfasst drei Elemente: Bucheffekten sind demnach (1) vertretbare Forderungs- oder Mitgliedschaftsrechte gegenüber einem Emittenten, die (2) dem Effektenkonto eines Kontoinhabers gutgeschrieben sind und über die durch Gutschrift in einem Effektenkonto verfügt werden kann und die (3) der Verwahrungsstelle und jedem Dritten gegenüber wirksam sind (Art. 4 Abs. 1 E-BEG).

Im Mittelpunkt dieser Definition steht die *konstitutive Wirkung des Bucheintrags* sowohl für die Entstehung von Bucheffekten (Art. 7–9 E-BEG), die mit der Einbuchung der entsprechenden Rechte im Effektenkonto abgeschlossen wird, wie grundsätzlich auch für die Verfügung über Bucheffekten (Art. 20–27 E-BEG).[35]

Diese Buchung hat *vertretbare Forderungs- oder Mitgliedschaftsrechte gegen einen Emittenten zum Gegenstand.* Der Entwurf anerkennt damit ausdrücklich, dass eine unmittelbare rechtliche Beziehung zwischen Anleger und Emittent (Schuldner) besteht; anders als etwa Artikel 8

[34] Zur IPR-Sicht vgl. Expertenbericht, S. 30–31 (Reformbedarf), 94 ff. (HwpUe).
[35] Vgl. Expertenbericht, S. 42–43.

des US-amerikanischen Uniform Commercial Code versteht er die Rechtsbeziehungen innerhalb eines Verwahrungssystems somit nicht als Kette bilateraler Beziehungen zwischen den einzelnen Gliedern der Verwahrungskette.[36]

Schliesslich ist das Forderungs- oder Mitgliedschaftsrecht „*der Verwahrungsstelle und jedem Dritten gegenüber wirksam*" (Abs. 1 Bst. b E-EBG). Diese Drittwirkung manifestiert sich einerseits darin, dass die Gläubiger der Verwahrungsstellen keinen Zugriff auf die Bucheffekten haben (Art. 17 E-BEG). Andererseits kann der Anleger die Bucheffekten von jedem herausverlangen, dem sie gutgeschrieben wurden, ohne dass ein gültiger Erwerbstatbestand vorliegt. Allerdings richtet sich die Rückabwicklung fehlerhafter Übertragungen nicht nach sachen-, sondern nach bereicherungsrechtlichen Vorschriften.[37]

Die Einführung des Begriffs ermöglicht eine einheitliche Regelung der Rechtszuständigkeit des Anlegers an mediatisiert verwahrten Wertpapieren von deren Übertragung. Dabei kommt es nicht darauf an, ob die durch einen Emittenten begebenen Rechte in einer Vielzahl von Wertpapieren oder einem einzigen Papier (Globalurkunde) verbrieft oder vollständig entmaterialisiert sind (Wertrechte). Allerdings ist die Bucheffekte nicht ein Oberbegriff für die verschiedenen Verwahrungsformen – Sammelverwahrung, Globalurkunde oder Wertrecht; die Bucheffekte ist etwas anderes als ein Sammelbestand von Wertpapieren.

2. Die Bucheffekte als Vermögensobjekt sui generis

Die Bucheffekte ist laut Expertenbericht „ein neues Vermögensobjekt *sui generis*".[38] Dieses Vermögensobjekt wird durch Hinterlegung von Wertpapieren oder Globalurkunden oder durch Eintragung von Wertrechten bei einer Verwahrungsstelle sowie durch Gutschrift im

36 Vgl. Expertenbericht, S. 42.
37 Vgl. Expertenbericht, S. 42.
38 Vgl. Expertenbericht, S. 42.

Effektenkonto geschaffen (Art. 7 E-BEG). Die Verbindung von Recht und Urkunde, die für den Wertpapierbegriff so zentral ist, wird dadurch aufgelöst; das verbriefte Recht tritt in den Mittelpunkt und die Verpackung (die Urkunde) verliert während der Dauer der mediatisierten Verwahrung ihre rechtliche Bedeutung. Auch die Übertragung von Bucheffekten richtet sich nach eigenen Regeln (Art. 21 ff. E-BEG); eine Übertragung durch Besitzanweisung ist während der Dauer der Mediatisierung nicht möglich.[39] Der Begriff Bucheffekte ist nicht etwa ein Oberbegriff für die Verwahrungsformen Sammelverwahrung, Globalurkunde oder Wertrecht; sie ist etwas anderes als ein Sammelbestand von Wertpapieren. Die mediatisierte Wertpapierverwahrung setzt diese Konzepte zwar notwendigerweise voraus,[40] doch wirft die Immaterialisierung bzw. Entmaterialisierung von Wertpapieren andere Fragen auf als die mediatisierte Wertpapierverwahrung. Aus diesem Grund werden die Sammelverwahrung, die Globalurkunde und das Wertrecht auch nicht im Bucheffektengesetz, sondern im Allgemeinen Teil des Wertpapierrechts geregelt.

Mit der Einführung des Konzepts der Bucheffekte und deren Anerkennung als einem eigenständigen Rechtsobjekt hat die Expertenkommission insofern mit dem geltenden Recht gebrochen, als dieses für die Konzepte Sammelverwahrung und Globalurkunde auf der Rechtsfigur des modifizierten und labilen Miteigentums aufbaut. Auch der Entwurf für ein Wertpapierverwahrungsgesetz hatte die Rechtsstellung des Anlegers mit Bezug auf sammelverwahrte Wertpapiere und Globalurkunden ausdrücklich als Miteigentum definiert (Art. 7 Abs. 1, Art. 11 Abs. 1 E-WVG) und dieses Regelungsmodell ausserdem auf Wertrechte erstreckt (Art. 18 E-WVG). Die Expertenkommission kam demgegenüber zum Schluss, dass „die Miteigentumskonstruktion in der Vergangenheit zwar nützlich gewesen sein mag, jedoch nicht daran festgehalten werden sollte, wenn taugliche Alternativen zur Verfügung stehen".[41]

39 Vgl. Expertenbericht, S. 64, 65.
40 Vgl. Expertenbericht, S. 35.
41 Vgl. Expertenbericht, S. 31.

Ausschlaggebend für die Abkehr vom Miteigentumsmodell waren folgende Überlegungen: Das Miteigentumsmodell geht im Kern von der Vorstellung aus, dass der Anleger über die bei einer zentralen Verwahrungsstelle liegenden Urkunden eine direkte Sachherrschaft ausübt. Diese Vorstellung lässt sich mit den Realien mehrfach gestufter Verwahrungssysteme nur schwer in Einklang bringen. In der mediatisierten Wertpapierverwahrung ist dem Anleger in aller Regel nicht bekannt, wo und in welcher Form die Wertpapiere physisch verwahrt werden oder ob physische Urkunden überhaupt noch vorhanden sind. Auch der Endverwahrer hat umgekehrt in aller Regel keine Kenntnis davon, wer an den bei ihm liegenden Titeln letztendlich wirtschaftlich berechtigt ist. Die Sachzuordnungsfunktion ist deshalb in der mediatisierten Wertpapierverwahrung bereits dann weitgehend fiktiv, wenn physische Titel noch vorhanden sind. Wird auf eine Verbriefung vollständig verzichtet, so fehlt es überhaupt an einem Objekt, das Gegenstand einer Sachherrschaft sein könnte. Der Bericht der Expertenkommission hält deshalb zu Recht fest, dass „[d]ie Vorstellung einer direkten, unmittelbaren rechtlichen Beziehung zwischen einem Anleger und den bei einem Intermediär verwahrten Wertpapieren von der Realität weit entfernt [ist]; sie ist nicht mehr aufrechtzuerhalten, wo physische Titel nicht mehr vorhanden sind.“[42]

III. Entstehung und Untergang von Bucheffekten

Bucheffekten entstehen in einem zweistufigen Akt: *erstens* mit der Immobilisierung der Wertpapiere und *zweitens* mit der Gutschrift der entsprechenden Rechte im Effektenkonto des Kontoinhabers.[43] Die Immobilisierung der Titel wird erreicht, indem Wertpapiere oder Globalurkunden bei einer Verwahrungsstelle hinterlegt werden (Art. 7 Abs. 1 Bst a und b E-BEG). Bei Wertrechten tritt an Stelle der Hinterlegung, die hier ausgeschlossen ist, die Eintragung in

42 Vgl. Expertenbericht, S. 32.
43 Vgl. Expertenbericht, S. 42–43.

einem sog. Hauptregister (vgl. Art. 7 Abs. 1 Bst. c E-BEG). Dieses wird von einer zentralen Verwahrungsstelle geführt und besteht im Wesentlichen aus einer Website mit einigen Angaben über die betreffende Emission (vgl. Art. 7 Abs. 3 E-BEG). Der Entstehungsvorgang wird abgeschlossen mit der Gutschrift der entsprechenden Rechte im Effektenkonto des Kontoinhabers; diese wirkt insofern konstitutiv.

Die Begründung von Bucheffekten hat zur Folge, dass sich die Rechtsstellung des Kontoinhabers an den seinem Konto gutgeschriebenen Titeln grundsätzlich nach dem 3. Kapitel des Bucheffektengesetzes bestimmt (Art. 11–19 E-BEG). Insbesondere bewirkt die Entstehung von Bucheffekten, dass das bis dahin an physischen Titeln bestehende Miteigentum des Anlegers an einem Sammelbestand oder einer Globalurkunde suspendiert wird. Solange die Urkunden bei der Verwahrungsstelle hinterlegt und die entsprechenden Rechte im Effektenkonto eingebucht sind, kann der Anleger aus seinem Miteigentum keinerlei Rechte ableiten.[44] Ebenso kann über Bucheffekten nur noch nach den Vorschriften des 4. Kapitels verfügt werden (Art. 20–27 E-BEG), d. h. durch Gutschrift (Art. 21 E-BEG) oder durch Abschluss einer Kontrollvereinbarung (Art. 22 E-BEG).

Es war ein wichtiges Anliegen der Expertenkommission, die Rechtsgrundlagen für die mediatisierte Wertpapierverwahrung so auszugestalten, dass sie nicht zu einer Abschliessung der Systeme führen.[45] Insbesondere sieht der Entwurf nicht vor, dass Effekten zwingend durch Finanzintermediäre zu verwahren sind; vielmehr sollen Anleger Effekten auch aus dem System der mediatisierten Wertpapierverwahrung herausnehmen und durch Nicht-Finanzintermediäre oder in einem Einzeldepot verwahren können („Offene Architektur“). Dementsprechend sieht Art. 10 E-BEG einen Mechanismus für die Auslieferung von Bucheffekten vor. Voraussetzung ist, dass diese in Form von Wertpapieren verwahrt werden oder dass der Anleger jedenfalls einen Anspruch auf Verbriefung seiner Buch-

44 Expertenbericht, S. 46–47.
45 Expertenbericht, S. 34.

effekten in Form von Wertpapieren hat (vgl. dazu Art. 9 Abs. 2 E-BEG). Allerdings sollen auch keine falschen Anreize gesetzt werden – dem öffentlichen Interesse an reibungslos und effizient funktionierenden Systemen wird dadurch Rechnung getragen, dass die Hürden für die Herausnahme aus dem System nicht künstlich niedrig gehalten werden.[46]

IV. Rechte und Pflichten der Verwahrungsstelle

Das dritte Kapitel (Art. 11–19 E-BEG) füllt das Konzept der Bucheffekte mit Inhalt, indem es festlegt, welches die Rechte und Pflichten des Anlegers und der Verwahrungsstelle sind. Es umfasst 9 Artikel von unterschiedlichem Gewicht. Für das Verständnis des Konzepts der Bucheffekte von Bedeutung sind einerseits die Vorschriften über die Deckung von Kundenbeständen sowie zur Verteilung der Shortfall-Risiken im Konkurs der Verwahrungsstelle (dazu sogleich) und andererseits zum Absonderungsrecht des Anlegers im Konkurs der Verwahrungsstelle.

1. Pflicht zur Deckung der Effektenbestände und shortfall

Zu den spezifischen Risiken der mediatisierten Wertpapierverwahrung gehört das sog. *shortfall*-Risiko. Damit ist die Möglichkeit gemeint, dass die Guthaben der Kontoinhaber einer Verwahrungsstelle nicht jederzeit vollständig durch Bestände bei einer übergeordneten Verwahrungsstelle gedeckt sind. Ein Unterbestand (*shortfall*) kann als Folge von operationellen Problemen (Betrug, Fälschung, IT-Probleme) oder von Fehlbuchungen eintreten.[47] Ferner können sich Unterbestände aus den Modalitäten für die Abwicklung von Wertpapiergeschäften ergeben. So werden beispielsweise Geschäfte an der Schweizer Börse SWX im Zeitpunkt T+3 abgewickelt; die vorbehaltlose Gutschrift auf dem Effektenkonto des Käu-

46 Expertenbericht, S. 50–51.
47 Expertenbericht, S. 52.

fers wird jedoch nach dem System des sog. *contractual settlement* bereits im Zeitpunkt T+0 vorgenommen.[48] Treten in einer Verwahrungskette Unterbestände auf, so ergeben sich daraus für den Anleger Risiken, die in rein statischen Verwahrungssystemen nicht vorkommen.[49] Insbesondere ergibt sich für den Anleger ein Erfüllungsrisiko, wenn die Verwahrungsstelle vorübergehend nicht in der Lage ist, das Recht des Anlegers zur Verfügung über die Bucheffekten (Art. 21 E-BEG) oder deren Rückzug aus dem System (Art. 10 E-BEG) zu erfüllen. Im Konkurs der Verwahrungsstelle trägt der Anleger das Risiko, dass sein Anspruch auf Absonderung seiner Bucheffekten (Art. 17 E-BEG) nicht voll gedeckt ist.

Unterbestände sind grundsätzlich zu vermeiden. Deshalb legt der Entwurf fest, dass die Effektenguthaben der Kunden einer Verwahrungsstelle grundsätzlich durch verfügbare Bucheffekten in entsprechendem Umfang gedeckt sein müssen (Art. 11 Abs. 1 E-BEG). Als verfügbar gelten dabei einerseits Bucheffekten, die einem Effektenkonto der Verwahrungsstelle bei einer übergeordneten Verwahrungsstelle gutgeschrieben sind (Art. 11 Abs. 2 Bst. a E-BEG).[50] Andererseits sind auch frei verfügbare Ansprüche auf Lieferung von Bucheffekten als Deckung anrechenbar (Art. 11 Abs. 2 Bst. c E-BEG). Diese Lieferansprüche sind im Konkurs einer Verwahrungsstelle absonderbar (vgl. Art. 17 Abs. 2 Bst. c E-BEG). Die Anrechenbarkeit von Lieferansprüchen setzt voraus, dass die zur Lieferung verpflichtete Verwahrungsstelle aufrechtstehend und mit der Lieferung nicht im Verzug ist.[51] Deshalb können Lieferansprüche nur wäh-

48 Expertenbericht, S. 52.

49 Shortfall-Risiken sind Systemen der mediatisierten Wertpapierverwahrung inhärent, ohne dass es entscheidend auf das zugrunde liegende Modell ankommt. Insbesondere können Unterbestände auch bei einem Modell auftreten, da die Möglichkeit einer Rückabwicklung fehlerhafter Gutschriften („Tracing") auch hier an faktische und/oder rechtliche Grenzen stößt.

50 Bei einer Endverwahrungsstelle fehlt es an einer übergeordneten Verwahrungsstelle; hier ist auf die Sammelbestände (sammelverwahrte Wertpapiere, Globalurkunden oder eingetragene Wertrechte) abzustellen; vgl. Art. 11 Abs. 2 Bst. b E-BEG).

51 Expertenbericht, S. 54.

rend der Frist angerechnet werden, die auf dem betreffenden Markt für eine ordentliche Abwicklung üblich ist, längstens jedoch während acht Tagen. Nicht anrechenbar sind demgegenüber Eigenbestände der Verwahrungsstelle, obwohl diese subsidiär ebenfalls für die Deckung von Kundenguthaben herangezogen werden können.

Tritt ein Unterbestand auf, so hat die Verwahrungsstelle diesen durch Zukauf von Bucheffekten dieser Gattung zu beseitigen (Art. 11 Abs. 3 E-BEG). Im Konkurs der Verwahrungsstelle, in dem ein Zukauf naturgemäss nicht mehr möglich ist, werden die Absonderungsansprüche der Anleger zunächst durch Zugriff auf die Eigenbestände der Verwahrungsstelle gedeckt. Das gilt unabhängig davon, ob diese Eigenbestände von den Kundenbeständen segregiert sind oder nicht (vgl. Art. 17 Abs. 2, Art. 18 Abs. 1 E-BEG). Sind die Ansprüche der Kontoinhaber auch nach Rückgriff auf die Eigenbestände der Verwahrungsstelle immer noch nicht vollständig gedeckt, so ist der Unterbestand anteilmässig auf die Kontoinhaber aufzuteilen (Art. 18 Abs. 2 E-BEG).

Die Pflicht der Verwahrungsstelle, Unterbestände zu vermeiden, weist enge Bezüge zum Aufsichtsrecht auf. Damit befasst sich der Entwurf jedoch nicht. Wie der Bericht der Expertenkommission ausdrücklich festhält, bleibt die Befugnis der Aufsichtsbehörde unberührt, Massnahmen zur Erkennung, Begrenzung und Kontrolle der mit Unterbeständen verbundenen Risiken anzuordnen.[52] Die gesetzliche Grundlage dafür ergibt sich nicht aus dem Bucheffektengesetz, sondern den einschlägigen Aufsichtsgesetzen.

2. Absonderung im Konkurs der Verwahrungsstelle

Der Entwurf versteht die Bucheffekte als absolutes Recht. Diese Ausschliesslichkeit des Rechts des Kontoinhabers findet seine wichtigste Ausprägung im Recht des Kontoinhabers, seine Bucheffekten

52 Expertenbericht, S. 34, 54.

im Konkurs der Verwahrungsstelle abzusondern (Art. 4 Abs. 1 Bst. b E-BEG). Die Bucheffekten fallen also nicht in die Konkursmasse der Verwahrungsstelle, sondern sind von Amts wegen auf eine andere Verwahrungsstelle zu übertragen, wo sie dem Kontoinhaber wieder zur freien Verfügung stehen. Die entsprechenden Vorschriften kodifiziert der Entwurf in Art. 17.

Absonderbar sind dabei Bucheffekten, welche die insolvente Verwahrungsstelle bei einer übergeordneten Verwahrungsstelle hält (Art. 17 Abs. 1 Bst. a E-BEG).[53] Absonderbar sind darüber hinaus auch frei verfügbare Ansprüche der Verwahrungsstelle gegenüber Dritten auf Lieferung von Bucheffekten (Art. 17 Abs. 1 Bst. c E-BEG). Die Absonderung erfolgt durch Übertragung der Bucheffekten sowie der Lieferansprüche auf die vom Kontoinhaber genannte Verwahrungsstelle oder durch Lieferung von Wertpapieren an den Kontoinhaber (Art. 17 Abs. 3 E-BEG).

Art. 17 E-BEG entspricht der Sache nach geltendem Recht (vgl. Art. 16 i. V. m. Art. 37d BankG), ist jedoch klarer auf die mediatisierte Wertpapierverwahrung zugeschnitten. Weil die Vorschrift als konkursrechtlich zu qualifizieren ist, bestimmt sich ihr räumlich-persönlicher Geltungsbereich im Übrigen nicht nach dem Haager Wertpapierübereinkommen, sondern nach den Vorschriften über das internationale Konkursrecht. Sie findet damit im Wesentlichen nur im Konkurs einer schweizerischen Verwahrungsstelle Anwendung. Welches die Rechtsstellung des Anlegers im Konkurs einer ausländischen Verwahrungsstelle ist, beurteilt sich nach dem ausländischen Konkursstatut.[54]

53 Im Konkurs einer Endverwahrungsstelle sind die bei dieser hinterlegten Wertpapiere und Globalurkunden bzw. die eingetragenen Wertrechte Gegenstand der Absonderung; vgl. Art. 17 Abs. 1 Bst. b E-BEG.

54 Expertenbericht, S. 60.

3. Trennung von Kunden- und Eigenbeständen (Segregation; Art. 12 E-BEG)

International besteht bis heute kein Einvernehmen, ob die Vermischung von Kunden- und Eigenbeständen auf demselben Sammelkonto zulässig sein soll oder ob statt dessen deren Trennung (Segregation) vorgeschrieben werden soll.[55] Der Entwurf verzichtet deshalb darauf, diese Frage zu entscheiden und beschränkt sich darauf, die Rechtsfolgen zu regeln, wenn eine Segregation aufgrund Parteivereinbarung oder aufsichtsrechtlicher Anordnung Platz greift. Regelungsbedarf besteht dabei hinsichtlich der Reichweite von Netting-Vereinbarungen (Art. 12 Abs. 1 Bst. a E-BEG) sowie von Pfand- und Retentionsrechten (Art. 12 Abs. 1 Bst. b E-BEG).

4. Retentions- und Nutzungsrecht der Verwahrungsstelle (Art. 13–15 E-BEG)

Der Entwurf räumt der Verwahrungsstelle ein Retentionsrecht zur Sicherung konnexer Forderungen ein (Art. 13 Abs. 1 E-BEG). Ferner kann sich die Verwahrungsstelle das Recht einräumen lassen, über die Bucheffekten eines Kontoinhabers in eigenem Namen und auf eigene Rechnung zu verfügen (Art. 14 E-BEG) oder verpfändete oder als Sicherheit übereignete Bucheffekten weiterzuverpfänden oder zu veräussern (Art. 15 E-BEG).[56] Art. 15 E-BEG setzt Art. 5 der Finanzsicherheitenrichtlinie in das schweizerische Recht um.[57]

5. Ausweis des Kontoinhabers (Art. 16 E-BEG)

Wertpapiere öffentlichen Glaubens erfüllen neben der Transport- auch eine Legitimationsfunktion, indem sie der Geltendmachung des verbrieften Rechts dienen (vgl. Art. 965 und Art. 975 f. OR).

55 Expertenbericht, S. 55.
56 Expertenbericht, S. 56–57.
57 Expertenbericht, S. 33.

Mediatisiert verwahrte Wertpapiere können diese Funktion offensichtlich nicht erfüllen, weil der Kontoinhaber keinen unmittelbaren Besitz an den Papieren hat. Im Verhältnis zum Emittenten legitimiert sich der Kontoinhaber in der Praxis statt dessen durch einen Ausweis seiner Verwahrungsstelle. Der Entwurf gibt dem Kontoinhaber einen Anspruch auf jederzeitige Ausstellung einer solchen Bescheinigung (Art. 16 S. 1 E-BEG). Der Ausweis ist blosses Beweismittel (Art. 16 S. 2 E-BEG) und hat für die Geltendmachung des Forderungs- oder Mitgliedschaftsrechts keine materielle Bedeutung. Der Emittent kann sich daher auf die Rechtszuständigkeit einer Person, welche einen Ausweis i. S. v. Art. 16 vorlegt, nicht verlassen und erfüllt nur gültig durch Leistung an den materiell Berechtigten.[58]

Im Entwurf nicht geregelt sind weitere Aspekte der Geltendmachung von Anlegerrechten in einem System der mediatisierten Wertpapierverwahrung, z. B. die Vermittlung von Zins- oder Dividendenzahlungen oder andere Aspekte der Corporate Action. Das Verhältnis zwischen Kontoinhaber und Emittent wird nach der ausdrücklichen Anordnung von Art. 7 Abs. 2 E-BEG durch die Begründung von Bucheffekten nicht berührt und bestimmt sich daher ausschliesslich nach den Ausgabebedingungen oder den Gesellschaftsstatuten.

6. Ausschluss des upper-tier attachment (Art. 19 E-BEG)

Weil Bucheffekten meist über Sammelkonten gehalten werden, kennt die übergeordnete Verwahrungsstelle die Identität der einzelnen Anleger oder deren Anteile am Sammelbestand in der Regel nicht. Deshalb besteht international breiter Konsens, dass Zwangsvollstreckungsmassnahmen ausschliesslich bei der Verwahrungsstelle zu vollstrecken sind, welche das Effektenkonto für den Schuldner führt, gegen den sich die Massnahme richtet. Demgegenüber sind

[58] Expertenbericht, S. 59.

Zwangsmassnahmen auf übergeordneter Stufe (sog. *upper-tier attachment*) auszuschliessen (Art. 19 Abs. 1 E-BEG).

V. Übertragung von Bucheffekten

Das 4. Kapitel (Art. 20–27 E-BEG) regelt die Verfügung über Bucheffekten. Als Verfügung gilt sowohl die Vollrechtsübertragung wie auch die Begründung eines beschränkten dinglichen Rechts. Das Kapitel ist in zwei Abschnitte unterteilt. Der erste Abschnitt handelt von den Wirksamkeitsvoraussetzungen und Rechtswirkungen der Verfügung, der zweite von den Wirkungen der Verfügung gegenüber Dritten.

1. Wirksamkeitsvoraussetzungen

Der Tatbestand der Verfügung über Bucheffekten umfasst zwei Elemente: einerseits eine Weisung des verfügenden Kontoinhabers an seine Verwahrungsstelle, die Bucheffekten zu übertragen (Art. 21 Abs. 1 Bst. a E-BEG), und andererseits die Gutschrift der Bucheffekten im Konto des Erwerbers (Art. 21 Abs. 1 Bst. b E-BEG). An Stelle der Gutschrift kann zur Begründung von beschränkten dinglichen Rechten auch der Abschluss einer Kontrollvereinbarung treten. Dabei handelt es sich um eine Vereinbarung zwischen Kontoinhaber, Verwahrungsstelle und Pfandnehmer, in welcher sich die Verwahrungsstelle verpflichtet, Weisungen des Pfandnehmers ohne weitere Zustimmung oder Mitwirkung des Kontoinhabers auszuführen (Art. 22 Abs. 1 E-BEG).

Grundlage der Buchungen der Verwahrungsstelle ist die Weisung des Kontoinhabers. Die Weisung ist eine einseitige, rechtsgeschäftliche und empfangsbedürftige Willenserklärung des Kontoinhabers.[59] Sie hat eine Willensäusserung des Kontoinhabers zum Gegenstand, die Übertragung von Bucheffekten auf den Erwerber vorzunehmen. Das

59 Expertenbericht, S. 66.

Tatbestandselement einer Weisung ist vor allem für die Beurteilung fehlerhafter Verfügungen von Bedeutung. Die Voraussetzungen einer wirksamen Weisung sind in Art. 20 E-BEG geregelt. Die Verwahrungsstelle ist grundsätzlich verpflichtet, Weisungen des Kontoinhabers zur Verfügung über Bucheffekten auszuführen (Art. 20 Abs. 1 E-BEG). Die Weisung ist insofern vom zugrunde liegenden Kausalverhältnis unabhängig, als die Verwahrungsstelle weder das Recht noch die Pflicht hat, den Rechtsgrund zu überprüfen (Art. 20 Abs. 2 E-BEG). Schliesslich bestimmt Art. 20 Abs. 3 E-BEG, dass die Weisung spätestens mit der Belastung durch die Verwahrungsstelle unwiderruflich ist, wenn nicht der Depotvertrag einen früheren Zeitpunkt vorsieht.

Eine wirksame Übertragung von Bucheffekten setzt Verfügungsmacht des Verfügenden voraus. Verfügungsmacht kommt grundsätzlich dem Anleger zu, nicht jedoch seiner Verwahrungsstelle. Allerdings hat die Verwahrungsstelle die Möglichkeit, auch hinsichtlich der Bestände ihrer Kunden Gutschriften zu veranlassen und damit einem Erwerber volle Rechtszuständigkeit zu verschaffen, wenn dieser hinsichtlich der Verfügungsmacht gutgläubig war und die Bucheffekten entgeltlich erwarb (Art. 26 Abs. 1 E-BEG). Dennoch unterscheiden sich in ihrer Struktur die Rechtszuständigkeit des Anlegers und der Verwahrungsstelle hinsichtlich der Kundenbestände, ähnlich wie sich das im geltenden System aus der Differenzierung von Besitz und Eigentum ergibt. Das ist ein weiterer wichtiger Unterschied zum US-amerikanischen Artikel 8 UCC.

Die Rechtswirkungen der Weisung treten gemäss Art. 21 Abs. 2 E-BEG mit Abschluss der Gutschrift ein. Der Veräußerer bleibt m. a. W. bis zum vollständigen Abschluss des Verfügungsvorgangs Träger des fraglichen Rechts, auch wenn er nach der Belastung seines Kontos darüber effektiv nicht mehr verfügen kann. Diese Regelung wurde in der Absicht getroffen, die Entstehung subjektloser Rechte zu verhindern, die bei zeitlich gestreckten Übertragungsvorgängen sonst nicht zu vermeiden gewesen wäre.[60] Hingegen macht der Entwurf die Gut-

60 Expertenbericht, S. 69.

schrift nicht abhängig von einer vorangehenden Buchung. Es ist damit grundsätzlich möglich, dass beim Erwerber eine Gutschrift erfolgt, bevor die entsprechenden Titel beim Veräußerer belastet worden sind. Damit besteht theoretisch die Möglichkeit, dass durch Buchung vorübergehend zusätzliche Titel geschaffen werden. Die Gutschrift von einer vorangehenden Buchung abhängig zu machen, würde jedenfalls im grenzüberschreitenden Effektengiroverkehr weitgehende Eingriffe in bestehende Systeme bedingen; die Risikolage hätte nach Überzeugung der Expertenkommission solche Eingriffe nicht gerechtfertigt.

2. Stornierung

Die Gutschrift im Effektenkonto des Erwerbers bewirkt grundsätzlich den Übergang der Rechtszuständigkeit vom Veräußerer auf den Erwerber (Art. 21 Abs. 1 und 2 E-BEG). Die Belastung eines Effektenkontos hat zwar keine konstitutive Wirkung; faktisch verliert ein Kontoinhaber damit jedoch die Möglichkeit, über seine Bucheffekten zu verfügen.[61] Deshalb sieht der Entwurf vor, dass eine Belastung oder Gutschrift in einem Effektenkonto storniert werden kann, wenn die Buchung aufgrund einer mangelhaften Weisung erfolgt ist (Art. 23 und 24 E-BEG). Stornierung heisst, dass die Buchung durch eine entsprechende Gegenbuchung ausgeglichen und damit im Ergebnis rückgängig gemacht wird (vgl. dazu Art. 23 Abs. 2 E-BEG).[62] Nicht nach den Regeln über die Stornierung von Buchungen richtet sich die Rückabwicklung, wenn ein Mangel im Kausalverhältnis vorliegt. Die Rückübertragung erfolgt hier vielmehr aufgrund einer eigenständigen Weisung des zur Rückübertragung verpflichteten Kontoinhabers.

Die Stornierung einer Belastung ist möglich, wenn die Weisung an gravierenden Mängeln leidet, etwa wenn sie von einem Urteils- oder Handlungsunfähigen (Art. 23 Abs. 1 Bst. a E-BEG) oder einem voll-

61 Expertenbericht, S. 73.
62 Expertenbericht, S. 73.

machtlosen Stellvertreter (Art. 23 Abs. 1 Bst. b E-BEG) stammt, wenn sie an einem Willensmangel leidet (Art. 23 Abs. 1 Bst. c E-EBG) oder wenn sie überhaupt gefälscht oder verfälscht wurde (Art. 23 Abs. 1 Ingress: „... ohne ... Weisung ..."). Ein Anspruch auf Stornierung besteht ausserdem, wenn die Verwahrungsstelle eine Weisung versehentlich mehrfach ausgeführt oder zu viele Bucheffekten abgebucht bzw. gutgeschrieben oder diese einem falschen Empfänger gutgeschrieben hat; insofern liegt ebenfalls eine Belastung ohne Weisung vor. Der Verwahrungsstelle steht der Nachweis offen, dass sie den Mangel der Weisung nicht kannte und trotz Anwendung von zumutbaren Massnahmen und Verfahren nicht kennen konnte (Art. 23 Abs. 4 E-BEG). Die Stornierung einer Gutschrift ist ausgeschlossen, wenn dem Effektenkonto Bucheffekten dieser Gattung nicht mehr gutgeschrieben sind (Art. 24 Abs. 2 S. 1 E-BEG). In diesem Fall hat die Verwahrungsstelle Anspruch auf Ersatz, sofern der Kontoinhaber bei der Weiterübertragung der Bucheffekten bösgläubig war.

3. Gutglaubensschutz und Rückabwicklung

a) Gutglaubensschutz

Verkehrsschutz ist eine zentrale Funktion des Wertpapierrechts. Das bedeutet insbesondere, dass Erwerber von Bucheffekten sich Mängel des Kausal- oder des Verfügungsgeschäfts zwischen ihren Vorleuten nicht entgegenhalten lassen müssen. Deshalb bestimmt Art. 26 Abs. 1 E-BEG, dass der Erwerber von Bucheffekten in seinem Erwerb zu schützen ist, sofern er gutgläubig war und die Bucheffekten entgeltlich erworben hat. Selbst wenn die Weisung, die zur Gutschrift führte, mit einem Willensmangel behaftet war oder nicht vom Kontoinhaber ausging, muss der gutgläubige Erwerber die Bucheffekten nicht zurückübertragen.

Wie sich aus der Systematik des Entwurfs[63] ergibt, können sich nur Dritte auf den Erwerb kraft guten Glaubens berufen, nicht jedoch

63 Vgl. den Titel des 2. Abschnitts: „Wirkungen gegenüber Dritten".

die Gegenpartei des Kontoinhabers, der sich beim Erteilen der Weisung irrt, getäuscht wird oder handlungsunfähig ist: Sie muss sich eine Stornierung der Gutschrift in ihrem Konto gefallen lassen, selbst wenn sie den Mangel der Verfügung oder des Kausalgeschäfts nicht kannte und nicht kennen konnte. Erst derjenige, der von der Gegenpartei erwirbt, kann sich auf Art. 26 E-BEG berufen.

Art. 26 E-BEG nennt als Tatbestandsvoraussetzungen den guten Glauben des Erwerbers sowie die Entgeltlichkeit des Erwerbsgeschäfts. Der gute Glauben bezieht sich auf die Mängelfreiheit des Verfügungsgeschäfts (i. e. der Weisung) sowie die Verfügungsbefugnis des Veräußerers. Der gute Glaube wird nach allgemeinen Grundsätzen des schweizerischen Zivilrechts vermutet (Art. 3 Abs. 1 ZGB). Die Berufung auf den guten Glauben ist jedoch ausgeschlossen, wenn der Erwerber bei der Aufmerksamkeit, wie sie nach den Umständen von ihm verlangt werden durfte, nicht gutgläubig sein konnte (Art. 3 Abs. 2 ZGB).

Durch Art. 26 E-BEG nicht geheilt wird das Fehlen der Urteils- oder Handlungsfähigkeit auf Seiten des Veräußerers (Art. 17 f. ZGB). Es gibt im schweizerischen Recht keinen Schutz des guten Glaubens in die Handlungsfähigkeit eines anderen.[64] Das gilt auch bei Wertpapieren öffentlichen Glaubens. Auch der Verlust der Verfügungsfähigkeit infolge Konkurseröffnung (Art. 204 Abs. 1 SchKG) führt zu einem Mangel, der durch die Vorschriften über den Erwerb kraft guten Glaubens nicht geheilt werden kann.[65] Vorbehalten bleiben Verfügungen von Teilnehmern an Zahlungs- und Wertpapierabwicklungssystemen (Art. 27 Abs. 2 BankG).

Die Bedeutung der Gutglaubensvorschriften sollte nicht unterschätzt, aber auch nicht überschätzt werden. Beim börsenmässigen Handel mit Wertpapiergeschäften kommt eine Rückabwicklung von fehlerhaften Geschäften in aller Regel schon deswegen nicht in Betracht, weil es entweder an einer Zuordnung von Veräusserungs-

64 Expertenbericht, S. 79.
65 Vgl. Expertenbericht, S. 80.

zu Erwerbsgeschäften fehlt oder weil diese Informationen jedenfalls nicht erhältlich gemacht werden können.

b) Rückabwicklung

Sind die Tatbestandsvoraussetzungen des Art. 26 Abs. 1 E-BEG nicht erfüllt, so ist der Erwerber zur Rückerstattung der Titel verpflichtet. Die Rückabwicklung erfolgt nicht nach den sachenrechtlichen Vorschriften über die Vindikation (Art. 641 Abs. 2 ZGB) oder den Besitzesschutz (Art. 927, Art. 933 ff. i. V. m. Art. 938–946 ZGB); vielmehr verweist der Entwurf dazu auf die Bestimmungen des Obligationenrechts über die ungerechtfertigte Bereicherung (Art. 62 ff. OR).[66] Der Bereicherungsanspruch kann eine Leistungskondiktion sein, beispielsweise wenn die Weisung des entreicherten Kontoinhabers den Namen des Empfängers falsch angibt und eine Stornierung der Belastung nicht möglich war, weil die Verwahrungsstelle den Fehler nicht erkennen konnte (Art. 23 Abs. 1 Bst. c und Abs. 4 E-BEG). Sie ist eine Zufallskondiktion, wenn der Fehler einer der beteiligten Verwahrungsstellen unterläuft. In jedem Fall hat der Kontoinhaber nachzuweisen, dass der Empfänger der Bucheffekten aus seinem Vermögen bereichert wurde und dass die Bereicherung ungerechtfertigt ist (Art. 62 Abs. 1 OR). Im Falle einer Leistungskondiktion hat er ausserdem zu beweisen, dass er sich über die Schuldpflicht im Irrtum befand.[67] Hat der Erwerber über die Bucheffekten bereits weiterverfügt und dafür keine Gegenleistung oder nicht den vollen Wert als Gegenleistung erhalten, so steht ihm die Einrede der nicht mehr vorhandenen Bereicherung offen (Art. 64 OR). Die gröbsten Nachteile der Rückabwicklung nach bereicherungsrechtlichen Grundsätzen[68] – insbesondere im Konkurs des Schuldners – werden durch Sondervorschriften über die Aussonderung und die Verjährung (Art. 26 Abs. 3 und 4 E-BEG) korrigiert.

66 Vgl. Expertenbericht, S. 80–81.

67 Nicht nachzuweisen ist Irrtum bei unfreiwilliger Leistung (Art. 63 Abs. 3 OR) oder bei Leistung eines Urteilsunfähigen.

68 Vgl. Expertenbericht, S. 82.

4. Rangfolge

Das im Entwurf vorgesehene System der Verfügung durch Bucheintrag eröffnet ähnlich wie im Immobiliarsachenrecht die Möglichkeit, an denselben Bucheffekten konkurrierende Rechte zu begründen (z. B. durch mehrfache Verpfändung von Bucheffekten). Die Rangfolge dieser Rechte wird in Art. 27 E-BEG geregelt. Grundsätzlich gilt dabei das Präventionsprinzip. Eine frühere Verfügung über Bucheffekten hat also Vorrang vor späteren Verfügungen. Massgebender Zeitpunkt ist dabei der Abschluss der Gutschrift (Art. 21 Abs. 2 E-BEG) bzw. der Kontrollvereinbarung (Art. 22 Abs. 1 E-BEG). Ausnahmen gelten für das Retentionsrecht der Verwahrungsstelle zur Sicherung konnexer Forderungen (Art. 13 E-BEG) bzw. das Pfandrecht der Verwahrungsstelle durch Abschluss einer Kontrollvereinbarung (Art. 22 Abs. 2 E-BEG); diesen kommt einer Superpriorität zu. Der Bericht begründet diesen absoluten Vorrang mit der grösseren Nähe der Verwahrungsstelle zu den bei ihr verwahrten Bucheffekten.[69] Im Konsultationsverfahren ist diese Superpriorität auf einige Kritik gestossen, so dass hier das letzte Wort noch nicht gesprochen sein dürfte.

Die Verfügung durch Bucheintrag bzw. der Abschluss einer Kontrollvereinbarung stellen für Bucheffekten zwar den ordentlichen, aber nicht den einzig möglichen Übertragungsmodus dar. Insbesondere ist weiterhin möglich, durch Abtretung (Art. 164 ff. OR) über Bucheffekten zu verfügen. Werden Bucheffekten durch Abtretung erworben, so gehen die Rechte des Zessionars den Rechten eines Anlegers, der nach den Vorschriften des Bucheffektengesetzes erwirbt, im Range nach (Art. 27 Abs. 3 E-BEG). Das gilt unabhängig davon, ob die Zession vor oder nach der Verfügung durch Gutschrift bzw. Abschluss einer Kontrollvereinbarung erfolgt ist.

69 Expertenbericht, S. 82.

E. Schluss

Die Systeme zur Verwahrung von Wertpapieren und zur Abrechnung und Abwicklung von Wertpapiergeschäften haben sich in den vergangenen Jahrzehnten in rasch weiterentwickelt. Die rechtlichen Grundlagen dieser Systeme haben mit dieser Entwicklung nicht schrittgehalten. Der schweizerische Entwurf zu einem Bucheffektengesetz ist ein Versuch, diese Systeme mit einem verlässlichen, kohärenten und transparenten rechtlichen Fundament zu untermauern. Der Entwurf wird einerseits durch die Erkenntnis geprägt, dass die Juristen hier nicht einen Neubau der grünen Wiesen erstellen können, dass bestehende und grundsätzlich gut funktionierende Systeme wieder auf ein stabiles Fundament zu stellen sind. Deshalb kamen Eingriffe in die Systeme nur in Frage, wenn zwingende Gründe dafür sprachen. Andererseits war dem Zusammenspiel der Rechtsordnungen besondere Aufmerksamkeit zu schenken, denn grenzüberschreitende Verwahrungsverhältnisse sind heute die Regel und nicht die Ausnahme.

Anlegerrechte bei mittelbar gehaltenen Wertpapieren. Bemerkungen zu dem Dreieck aus Emittent – Intermediär – Aktionär

Ulrich Noack

Gliederung

A. Mittelbare Anleger in der modernen Aktiengesellschaft

Sprechen Juristen von „mittelbar“, ist oft Unklarheit im Spiel. Zwar hat das Gesetz das eine oder andere geordnet, etwa bei dem mittelbaren Besitzer im Sachenrecht oder bei dem mittelbaren Bezugsrecht nach § 186 V AktG. Doch was ist ein mittelbarer Schaden, ein mittelbarer Störer – oder gar ein mittelbarer Anleger? Mit Blick auf die börsennotierte Gesellschaft unserer Tage behaupte ich: *es gibt eigentlich nur mittelbare – via Intermediäre beteiligte – Anleger.*

Der Aktionär als Mitglied eines Aktienvereins, das ist der traditionelle Ausgangspunkt unseres Gesellschaftsrechts. Die deutsche Dogmatik räsoniert vor diesem korporatistisch gezeichneten Hintergrund über die Mitgliedschaft als Rechtsverhältnis oder/und als subjektives Recht. Fraglos haben *Habersack,*[1] *Hadding*[2] und *Lutter*[3] (um einige prominente Autoren der Gegenwart zu nennen)[4] dazu kluge und feinsinnige Überlegungen präsentiert. Darauf kann und will ich nicht eingehen. Meine Überlegungen gelten vielmehr den Rechtsbeziehungen in einem *Dreieck,* dessen Ecken lauten: Gesellschaft (Emittent) – Intermediär (Kreditinstitut) – Anleger (Aktionär).

1 *Habersack,* Die Mitgliedschaft – subjektives und „sonstiges“ Recht, 1996.
2 *Hadding,* Verfügungen über Mitgliedschaftsrechte, FS Steindorff, 1990, S. 31.
3 *Lutter,* Theorie der Mitgliedschaft, AcP 180 (1980), 84.
4 Für einen Überblick *Karsten Schmidt,* Gesellschaftsrecht, 4. Aufl. 2002, § 19, S. 547 ff., dort auch zu den Grenzen des „korporativen“ Denkens (S. 548 f); ferner aus jüngster Zeit *Beuthien* AG 2002, 268, aus älterer Zeit *Müller-Erzbach,* Das private Recht der Mitgliedschaft, 1948.

Ich will zeigen, dass dieses Dreieck schon im geltenden Aktienrecht vorhanden, wenn auch nicht deutlich ausgeprägt geregelt ist. Die Dreierbeziehung ist *de lege lata et ferenda* in den Mittelpunkt zu rücken, weil ohne dessen explizite Adressierung das Recht die Wirklichkeit verfehlt.

Der Beitrag handelt von der börsennotierten Aktiengesellschaft (§ 3 II AktG), die kapitalmarktrechtlichen Gepflogenheiten entsprechend auch als Emittentin angesprochen wird. Des Weiteren werden die Begriffe Aktionär und Anleger synonym gebraucht; Bond-Gläubiger (Schuldverschreibungsinhaber) werde ich nicht eigens behandeln.

Als Intermediäre werden die Kreditinstitute gem § 1 I KWG bezeichnet, also Unternehmen, die Bankgeschäfte betreiben, wozu die Verwahrung und Verwaltung von Wertpapieren für andere (Depotgeschäft) gehört. Ferner sind Intermediäre die Finanzdienstleistungsinstitute gem § 1 I a KWG, also Unternehmen, die Finanzdienstleistungen betreiben, wozu Verwaltung einzelner in Finanzinstrumenten angelegter Vermögen für andere mit Entscheidungsspielraum (Finanzportfolioverwaltung) gehört. Schließlich sind Intermediäre die in §§ 53, 53 b KWG genannten Zweigniederlassungen bzw Tochterunternehmen ausländischer Institute. Die Gleichstellung der beiden letztgenannten Unternehmen mit den Kreditinstituten ist aktienrechtlich in § 125 V AktG angeordnet, worauf die §§ 67 IV 2, 128 VII, 135 XII AktG verweisen. Für Deutschland sind die Dinge damit gut sortiert (zu europarechtlichen Entwicklungen unten sub D).

B. System der Aktienkonten

I. Übergang zur Globalurkunde

Bei den „klassischen" Aktiengesellschaften, die Aktien als physische Wertpapiere ausgegeben haben, ist der Nachweis der Mitgliedschaft kein Problem. Das Papier muss vorgelegt werden, um (bei Namensaktien) die Eintragung in das Aktienregister zu erwirken oder um (bei Inhaberaktien) beispielsweise zur Hauptversammlung zugelassen zu werden. Im letzteren Fall hatte § 123 III 2 AktG a. F.[5] schon eine Erleichterung vorgesehen, wenn dort die Hinterlegung der Papiere bei einem Notar oder einer Wertpapiersammelbank als ausreichend bezeichnet wird. Diese Hinterlegungsstellen, denen die Satzung noch weitere hinzufügen kann, erscheinen als frühe Intermediäre, mit deren Hilfe sich der Aktionär gegenüber der AG auswies. Ob er diese Unterstützung in Anspruch nahm oder nicht, blieb dem Aktionär überlassen. Auf die Vorlegung des Papiers bei der Gesellschaft, die gleichzeitig die Funktion einer Sperre hatte, kam es somit nicht mehr an, sondern auf den Nachweis des mittelbaren Besitzes. Die Hinterlegungsstelle bot Gewähr, dass das Papier nicht gleichzeitig einem anderen als Berechtigung diente.[6] Angesichts dieser technischen Funktionen der Hinterlegung wird man von einem nur „mittelbar" gehaltenen Wertpapier nicht sprechen wollen. Der Aktionär trat bei der herkömmlichen Aktiengesellschaft unmittelbar auf.

Ich überspringe die bedeutsame Etappe Verwahrung von Einzelaktien im Sammeldepot[7] ganz und komme direkt zur heutigen Situation der AG, die weder Einzelurkunden für jede Aktie[8] noch Sammelurkunden für die insgesamt gehaltenen Aktien eines Aktionärs[9] kennt. Vom Ausschluss der „Verbriefung seines Anteils" (§ 10 V AktG) machen inzwischen die meisten Satzungen börsennotierter

5 In der bis zum 31. 10. 2005 geltenden Fassung; zu Änderungen durch das UMAG unten III 2.

6 *Zöllner*, Wertpapierrecht, 14. Aufl. 1987, S. 20; *ders.*, FS L. Raiser, 1974, S. 249; zu den Binnenverhältnissen *Noack/Zetzsche*, WM 2004, 1.

7 Dazu im Hinblick auf Legitimation und Stimmrecht schon vor über 30 Jahren *Zöllner* im Kölner Kommentar zum AktG, 1. Auflage, § 123 Rn. 25 und § 134 Rn. 13; zur Entwicklung der „Entstückelung" *Dechamps*, Wertrechte im Effektengiroverkehr, 1989, S. 2; *Than*, Wertpapierrecht ohne Wertpapiere?, FS Schimansky, 1999, S. 821; *Einsele*, WM 2001, 7; Staudinger/*Marburger*, Bearbeitung 2002, Vorbem. Zu §§ 793–808 Rn. 32.

8 Ausschluss zulässig seit 1994 (Gesetz für kleine Aktiengesellschaften).

9 Ausschluss zulässig seit 1998 (KonTraG).

Gesellschaften Gebrauch. Im Grunde braucht überhaupt keine Urkunde geschaffen zu werden. Die Aktienanteile müssen nicht in Urkunden verbrieft sein. Seit jeher ist anerkannt, dass eine AG auch ohne in Wertpapieren verkörperte Mitgliedschaften bestehen kann.[10] Als Wertpapiere gelten Aktien nach WpHG und WpÜG selbst dann, wenn „für sie keine Urkunden ausgestellt sind" (§ 2 II WpÜG; § 2 I WpHG).

Der Aktionär habe freilich einen mitgliedschaftlichen Anspruch auf Verbriefung, heißt es in *Hüffers* Erläuterungen zu § 10 AktG[11] – obwohl das Gesetz eine Bestimmung dieses Inhalts nicht kenne, wie der Kommentator sogleich bemerkt. Die Frage kann dahingestellt bleiben. Die börsennotierten Gesellschaften, die hier interessieren, fertigen in der Regel eine Globalurkunde über den gesamten Aktienbestand. Damit ist sowohl möglicherweise bestehenden Aktionärsansprüchen als auch börsenrechtlichen Anforderungen genügt.[12] Eine Verwahrung dieser Globalurkunde bei der Gesellschaft ist wegen § 1 Abs. 1 Satz 2 Nr. 5 KWG ausgeschlossen (eine rechtspolitisch zweifelhafte Regelung).[13] Dieses Depotgeschäft ist einem Kreditinstitut zugewiesen; aus § 9 a DepotG mag man ferner folgern, dass es gar eine „Wertpapiersammelbank" (§ 1 III DepotG) sein muss, die eine solche Globalurkunde verwahrt. Diese Wertpapiersammelbank ist in Deutschland die *Clearstream Banking* AG.

Man kann den Vorgang durchaus mit der Verdrängung von Bargeld durch Buchgeld vergleichen. Eine reale Vorlage beim Emittenten oder eine Hinterlegung ist tatsächlich und rechtlich nicht mehr

10 *Kraft*, in Kölner Kommentar zum AktG, 2. Aufl. 1988, § 10 Rn. 7; *Heider*, in MüKo, AktG, 2. Aufl. 2000, § 10 Rn. 6; *Wiesner*, in Münchener Handbuch des Gesellschaftsrechts, Band 4: Aktiengesellschaft, 2. Aufl. 1999, § 12 Rn. 3; *Zöllner*, Wertpapierrecht (Fn. 6), § 5 IV; RGZ 52, 417, 423; 41, 9, 13 f.; 34, 110, 115.

11 *Hüffer*, AktG, 6. Aufl. 2004, § 10 Rn. 3; ganz h. M.; *Wiesner*, in Münchener Handbuch des Gesellschaftsrechts, Band 4: Aktiengesellschaft, § 12 Rn. 4.

12 *Schwark*, in Kapitalmarktrechtskommentar, 3. Aufl. 2004, § 30 BörsenG, Rn. 11; *Blitz*, WM 1997, 2211.

13 *Noack*, FS Wiedemann, 2002, S. 1141, 1145.

möglich. „Aktien“ gibt es nicht mehr papierstofflich, sondern als Buchungsposten auf Konten, die von Intermediären administriert werden.

II. Wer ist der Aktionär?

1. Inhaberaktien

Verfehlt wäre es, die *Clearstream Banking* (CB) auf Grund ihrer tatsächlichen Sachherrschaft über die (Global-)Urkunde als dadurch legitimierte Aktionärin anzusehen. Zwar kommt es bei Inhaberaktien auf die Innehabung der Urkunde an; diese formelle Inhaberschaft begründet eine Vermutung für die materielle Berechtigung. Aber der Mangel der Berechtigung liegt bei der Verwahrstelle auf der Hand; der Emittent könnte ohne Weiteres belegen, dass dieser Bank trotz ihres tatsächlichen Besitzausweises keinerlei Mitgliedsrechte zustehen.[14] Wenn nicht der unmittelbare Besitzer als Aktionär gilt, wer dann?

Kunden der CB können ausschließlich Kreditinstitute, Finanzdienstleistungsunternehmen und ausländische Verwahrer bzw Clearingstellen sein. Diese Institute halten einen Anteil an der Globalurkunde, ein Sachverhalt, der von der wohl herrschenden Meinung besitzrechtlich als mittelbarer Besitz erster Stufe eingeordnet wird.[15] Der im neuen § 123 III AktG idF UMAG[16] so genannte „Anteilsbesitz“ wird auf einem Konto gebucht, das die CB für ihr Klientel führt. Nicht selten sind noch weitere Kreditinstitute nach diesem ersten Institut beteiligt, so dass von einer „Pyramide von

14 *Zöllner* in KK-AktG (Fn. 7), § 134 Rn. 12.

15 BGH NJW 1997, 2110, 2111 (Inhaberschuldverschreibung); OLG Karlsruhe WM 1999, 2451, 2455 (Revision abgelehnt durch BGH IX ZR 309/98 v. 7. 9. 1999); *Kümpel*, Bank- und Kapitalmarktrecht, 3. Aufl. 2004, Rn. 11.197; *Dechamps* (Fn. 7), S. 35 f; *Heinsius/Horn/Than*, DepotG, § 6 Rn. 33.

16 Gesetz zur Unternehmensintegrität und Modernisierung des Aktienrechts (UMAG) vom 22. 9. 2005, BGBl. I (2005), 2802.

Depotverträgen“ gesprochen wird[17] oder von einer „Kette“ von Intermediären.

Bei Inhaberaktien reicht nach neuem Aktienrecht der Nachweis des Anteilsbesitzes durch das depotführende Institut aus (§ 123 III 3 AktG n F). Angesichts dessen kann im Grunde *jeder* Inhaber eines Aktiendepots als „Aktionär“ prätendieren. Die CB kann sonach der A-Bank, die bei ihr ein Depot unterhält, das Entsprechende bescheinigen. Und wenn die A-Bank für die B-Bank und diese für die C-Bank ein Aktiendepot führt, so könnte A der B den Nachweis ausstellen, diese der C-Bank und so weiter. Ersichtlich lässt sich allein damit der „wahre Aktionär“ nicht finden, oder es käme zu Doppel- und Mehrfachnachweisen. Bei einer Kette von Aktiendepots muss das Recht daher einen Schnitt machen und entscheiden: Dieser oder jener Konteninhaber *gilt* als Aktionär.

Das deutsche Aktienrecht macht diesen Schnitt grundsätzlich zwischen Banken und Nichtbanken, indem es in § 135 Abs. 1 Satz 1 AktG von Aktien spricht, die einem Kreditinstitut „nicht gehören“. Ob jemand Aktionär ist, ergibt sich nicht etwa direkt aus Rechtsbeziehungen zu der Gesellschaft, sondern aus den Rechtsbeziehungen zu einem Kreditinstitut. Das depotrechtliche Verhältnis ist gewissermaßen die Grundlage für die als mitgliedschaftlich apostrophierte Beziehung zu der Gesellschaft.

Aus den beiden Bestimmungen der §§ 123, 135 AktG ergibt sich eine durchaus handliche Bestimmung des Aktionärs: Es ist im Regelfall derjenige Konteninhaber, welcher selbst nicht mehr Teil des durch das KWG geregelten Intermediärsystems ist. Eine Ausnahme von dieser klaren Abgrenzung ist nur für den Fall zu machen, dass ein Kreditinstitut die Aktien auf eigene Rechnung hält (Eigenbesitz). In diesem Fall entscheidet die in der Depotprüfung nachvollziehbare Willensrichtung des Instituts, das die „Stücke“ entsprechend gebucht hat.

17 *Einsele*, WM 2001, 7, 10.

Der außerhalb des KWG-Systems stehende nächste Konteninhaber kann – wirtschaftlich betrachtet – für andere halten, etwa der Onkel für seine Neffen, ein Vermögensverwalter für seine Kunden, ein Pensionsfonds für die Betriebsrentner. Er mag zu diesem Zwecke auch für sich selbst ein privates Vermögenskonto führen, das diese Fremdnützigkeit ausweist und Rechenschaft ermöglicht. Jedoch wäre es verfehlt, die „wirtschaftlichen Eigentümer" (Neffen, Kunden, Betriebsrentner) als Aktionäre anzusehen, da eine exakte Abgrenzung angesichts der Vielfalt vertraglicher Beziehungen nicht gelingen wird. Die Frage ist durch das Aktienrecht entschieden: Nur wer ein Konto bei einem Intermediär unterhält, kann (bei Inhaberaktien) eine Bescheinigung des Anteilsbesitzes erhalten; nur er wird (bei Namensaktien) von dem Intermediär zur Eintragung in das Aktienregister gemeldet (§ 67 IV 1 AktG).

Zu demselben Ergebnis gelangt die im Depotrecht herrschende Lehre, die nach einem *Miteigentümer* an der Globalurkunde fragt, den sie als Aktionär ausgeben kann. Das ist nach ihr regelmäßig[18] der Kunde des letzten Kreditinstituts in der Kette nach der Wertpapiersammelbank; dieser Kunde soll Miteigentümer und mittelbarer Mitbesitzer sein. Die Intermediäre erscheinen als mittelbare Fremdbesitzer diverser Stufen (§ 871 BGB). Schon diese besitzrechtliche Virtualisierung ist sehr fragwürdig, insbesondere weil es keinen Herausgabeanspruch gibt, den der mittelbare Eigenbesitzer hinsichtlich der im Miteigentum stehenden Sache geltend machen kann: Weder darf die Globalurkunde ausgeliefert werden noch sind Einzelurkunden herzustellen (§ 9 a III DepotG, § 10 V AktG iVm der entsprechenden Satzungsregelung).[19] Dennoch mag man Bruchteilseigentum an der Globalurkunde annehmen, das entweder durch bloße dingliche Einigung iSv § 929 BGB übertragen wird[20] oder entsprechend § 952 II BGB übergeht bei Übertragung der Mitglied-

18 Ausnahme wie zuvor: Fälle des Eigenbesitzes des Kreditinstituts.

19 Überzeugend *Habersack/Mayer*, WM 2000, 1678, 1680 f.; *Einsele*, WM 2001, 7, 11.

20 *Einsele*, WM 2001, 7, 13.

schaft, die selbst nach §§ 398 ff. BGB erfolgt.[21] Damit bleibt freilich die Frage offen, wem der Miteigentumsanteil letztlich zusteht, wer also auf dieser Grundlage als Aktionär anzusehen ist. Es könnte nach objektiver Lage genauso einer der Intermediäre in der Kette sein. Und nur weil dieser Intermediär erklärt, dass er das Konto für andere hält, wird sein Miteigentumsanteil verneint, was freilich mit einer sachenrechtlichen Zuordnung nichts mehr zu tun hat. Damit befindet man sich wieder bei dem Ausgangspunkt, dass bei kontenverbuchten Aktienrechten eine Schnittstelle gesucht werden muss. Sie ist in der geschilderten gesellschaftsrechtlichen Festlegung zu finden.

2. Namensaktien

Das Gesagte gilt zunächst für Inhaberaktien. Jedoch entspricht die Rechts- und Problemlage – wie die obigen Bezugnahmen bereits andeuten – der für Inhaberaktien gerade entwickelten Position in vielerlei Hinsicht. Zwar stellt sich bei Namensaktien für die Gesellschaft vordergründig kein Problem der Identifizierung des Aktionärs, denn ein Blick in das Aktienregister genügt (§ 67 Abs. 2 AktG). Wer dort registriert ist, *gilt* gegenüber der Gesellschaft als Aktionär.[22] Jedoch kann – wie bei internationalen Aktionären üblich – auch die Bank im Aktienregister eingetragen sein. Dann ist im Grunde dieselbe Lage gegeben wie vorhin für die kontenverbuchte Inhaberaktie geschildert. Das Gesetz reagiert in ähnlicher Weise, indem es mit Blick auf die Ausübung des Stimmrechts anordnet: „Ein Kreditinstitut darf das Stimmrecht für Namensaktien, die ihm nicht gehören, als deren Inhaber es aber im Aktienregister eingetragen ist, nur auf Grund einer Ermächtigung ausüben.“ (§ 135 Abs. 7 Satz 1 AktG)

21 *Habersack/Mayer*, WM 2000, 1678, 1682.
22 Dazu jüngst *Drygala*, NZG 2004, 893.

3. Zwischenergebnis

Als Zwischenfazit ist festzuhalten, dass das deutsche Aktienrecht sowohl bei Inhaber- als auch bei Namensaktien zwischen dem formell Ausgewiesenen und dem materiell Betroffenen zu unterscheiden sucht, wobei der materiell Betroffene in der Regel ein Aktienkonto bei einem letzten Intermediär führt.

C. Rollen und Interessen im Dreieck

Die Gesellschaft hat das aktienrechtliche Interesse, die Personen, welche ihr gegenüber Verwaltungs- und Vermögensrechte haben, exakt festgelegt zu wissen. Der Anleger will umgekehrt seine Vermögensrechte, insbesondere das Dividendenrecht, gewahrt sehen und je nach Disposition auch Verwaltungsrechte, insbesondere das Stimmrecht, ausüben. Dem Intermediär liegt in erster Linie an der Kundenbeziehung zu dem Anleger. Vertragliche Verpflichtungen gegenüber der Gesellschaft hat er im Regelfall nicht, aber gesetzliche; das Aktienrecht bürdet dem Intermediär einige Lasten und Kümmernisse auf. Intermediäre sind auch daran interessiert, Zurechnungen fremden Anteilsbesitzes abzuwenden. Denn weder will der Intermediär Beteiligungsmeldungen nach §§ 20 ff. WpHG absetzen müssen noch als Kontrollerwerber iSv §§ 29 ff. WpÜG gelten. In dem Dreieck Emittent – Intermediär – Aktionär ist der Intermediär die Zentrale für Verbuchung, Legitimation und zum Teil auch für Information und die Ausübung des Stimmrechts. Daher ist mit ihm zu beginnen.

I. Intermediär

1. Verbuchung

Die Verbuchung der Aktienrechte findet *derivativ* statt bei Aktientransaktionen und *originär* bei Kapitalerhöhungen. Nach gängiger Praxis übernehmen Kreditinstitute den gesamten Erhöhungsbetrag, den sie auf Grund vertraglicher Abrede mit der Emittentin den – mittelbar – bezugsberechtigten Aktionären anbieten. Da bei der Kapitalerhöhung faktisch[23] und bei dem Börsenhandel mit Aktien auch rechtlich[24] nur Kredit- oder Finanzdienstleistungsinstitute als erste Adressen beteiligt sind, kann festgehalten werden, dass es ohne diese Intermediäre nicht geht.

2. Legitimation

Auch die Legitimation gelingt nicht ohne Kreditinstitute.[25] Dies wird durch die mehrfach erwähnte Neufassung des § 123 III AktG offenbar, wenn dort für Inhaberaktien das depotführende Institut herangezogen wird. Ganz dasselbe gilt bei Namensaktien. Auch hier kommt der Nachweis aus dem Bankensystem. § 67 Abs. 4 AktG spricht die „bei Übertragung oder Verwahrung von Namensaktien mitwirkenden Kreditinstitute“ an, die der Gesellschaft die für die Führung des Aktienregisters erforderlichen Angaben zu machen haben.[26]

23 Vgl. die praktisch höchst bedeutsame Vorschrift § 186 V AktG.
24 § 1 I Nr. 4, 10 und § 1 Ia KWG.
25 Eingehend *Noack/Zetzsche*, WM 2004, 1 und *dies.*, AG 2002, 651; zur Hinterlegung globalverbriefter Aktien beim Antrag auf Bestellung von Sonderprüfern BayObLG ZIP 2004, 2285 (das Gericht will zutreffend den Begriff der Hinterlegung teleologisch erweitern, eine bloße Bankbescheinigung aber nicht genügen lassen; zweifelhaft).
26 Gegen Kostenerstattung, ein Streitthema, das erst vor zwei Jahren entschärft werden konnte: VO über den Ersatz der Aufwendungen der Kreditinstitut v. 17. 6. 2003 (BGBl I S 885); dazu *Seibert*, ZIP 2003, 1270.

Während die Banken bei Namensaktien kontinuierlich melden und daraus schließlich ein zentrales Aktienregister bei der Gesellschaft entsteht, wird bei Inhaberaktien lediglich anlassbezogen auf Wunsch des Aktionärs gemeldet, insbesondere wenn er an der Hauptversammlung teilzunehmen wünscht. Ob ein Zentralregister geführt wird oder ob es viele dezentrale Register (= Depots) gibt, begründet keinen Kardinalunterschied. Angesichts des Verlustes der Wertpapiereigenschaft von Inhaber- und Namensaktie ist eine fast völlige Konvergenz der beiden Aktienarten zu konstatieren.

Für die Authentifizierung des Endanlegers gibt es zwei gegensätzliche Möglichkeiten. Das depotführende Institut bescheinigt den Depotstand direkt gegenüber der Gesellschaft (*direct approach*) – oder der Zentralverwahrer führt die aus der Kontenkette kommenden Bescheinigungen zusammen (*chain approach*). Der Weg über die Kette hat vordergründig das Argument der Richtigkeitsgewähr für sich, denn die Aktienbuchungen werden von dem Anlegerdepot über alle beteiligte Intermediäre bis hin zu der Quelle *Clearstream* verfolgt. Mehr als 100% kann es bei einem ordnungsgemäßen Rücklauf nicht geben. Freilich werden sich auch nur in den seltensten Fällen 100% anmelden, so dass diese Marke schon deshalb nicht für absolute Gewissheit sorgen kann. Vor allem ist der Ansatz, der Nachweis müsse die Kette entlang bis zu dem Zentralverwahrer geleitet werden, schwerlich praktikabel. Dieses Verfahren ist technisch auf absehbare Zeit europaweit kaum in volldigitaler Weise einzurichten; dies allerdings müsste gewährleistet sein, denn mit herkömmlichem Papierverkehr wird die Buchungskette nicht rechtzeitig abgearbeitet werden können. Auch müsste die Rolle der Zentralverwahrer neu definiert werden, die sich (so jedenfalls in Deutschland die *Clearstream*) nicht als Authentifizierungsagentur gegenüber der Gesellschaft verstehen.

Zu Recht hat sich das soeben reformierte deutsche Aktienrecht für das erste Modell entschieden.[27] Die Gesellschaft kann und darf auf

[27] Dazu *Zetzsche/Simon*, NZG 2005, 369.

diesen Nachweis vertrauen, solange nicht Anhaltspunkte für eine Verfälschung vorliegen. Wenn das heutige System der Aktienrechte auf Intermediäre setzt, dann muss auch der Vertrauensgrundsatz für die systemimmanent Beteiligten gelten. Bei unbekannten größeren Aktienpaketen wird eine genauere Nachprüfung eher in Betracht kommen als in dem Massengeschäft mit gestreutem Aktienbesitz.

3. Information

Über die Bedeutung rechtzeitiger und sachgerechter Information im Verhältnis Emittent – Anleger braucht kein weiteres Wort verloren zu werden.[28] Die gesetzlichen und die Kodex-Regelungen[29] setzen auf *disclosure*, nach dem Grundsatz *sunlight is the best desinfectant*. Die Medien der Information befinden sich im Übergang zum elektronischen Zeitalter. Das Internet löst die traditionelle Zeitungspublikation ab, sei es der 2002 eingeführte elektronische Bundesanzeiger für Gesellschaftsmitteilungen, sei es die Internetseite der Gesellschaft, die als Plattform für Gegenanträge (§ 126 AktG), Hauptversammlungsmaterialien oder für die Anzeige von *directors' dealings* dient (§ 15 a WpHG). Kapitalmarktrechtliche Informationspflichten werden zunehmend über elektronische Medien erfüllt, etwa Ad-hoc-Meldungen oder Beteiligungsmitteilungen. Die Umsetzung der EU-Transparenzrichtlinie bis 2007 wird auch diese Medien betreffen.[30] Verwirrend an den gut gemeinten Informationsströmen ist freilich, dass sie nicht aus einer Quelle abrufbar sind. Das seit April 2005 als BMJ-Referentenentwurf vorliegende Gesetz über elektronische Handels- und Unternehmensregister (EHUG) will daher eine zentrale

28 Umfassend monographisch dazu *Zetzsche*, Aktionärsinformation in der börsennotierten Aktiengesellschaft, 2005 (Diss. Düsseldorf, 2004).

29 Kodex Nr. 6.4 lautet: „Zur zeitnahen und gleichmäßigen Information der Aktionäre und Anleger soll die Gesellschaft geeignete Kommunikationsmedien, wie etwa das Internet, nutzen." Nr. 6.8: „Von der Gesellschaft veröffentlichte Informationen über das Unternehmen sollen auch über die Internetseite der Gesellschaft zugänglich sein."

30 Siehe Art. 21 der Transparenzrichtlinie (2004/109/EC), O. J. L390/38. Zu den Umsetzungsbestrebungen vgl. *Noack/Zetzsche*, 2005 EBLR 16:5, 1033, 1058.

elektronische Stelle (das deutsche Unternehmensregister) einführen, insoweit einem Vorschlag der Regierungskommission Corporate Governance (2001) folgend.[31]

Für unser Thema bedeutsam ist, dass diese Information des Kapitalmarkts so wenig wie die alte Zeitungsveröffentlichung eine persönliche Adressierung der Anleger kennt. Sie ist für jedermann zugänglich, der sie sich aktiv beschafft. Man muss das Börsenpflichtblatt kaufen oder die einschlägige Internetseite besuchen,[32] um von der Mitteilung Kenntnis zu nehmen. Es handelt sich also um ein Pull-Modell. Intermediäre im hier besprochenen Sinn braucht man dafür nicht.

Anders stellt sich dies bei dem Push-Modell dar, dem der deutsche Gesetzgeber ergänzend für wichtige Teilbereiche der aktienrechtlichen Information anhängt. Die Mitteilung über die Einberufung der HV und deren Tagesordnung, bereits veröffentlicht im elektronischen Bundesanzeiger, ist *zusätzlich* als Bringschuld an den Aktionär zu liefern. Bei Inhaberaktien ist das Kreditinstitut in diesen Mitteilungsgang zwingend eingeschaltet. So sind bei Inhaberaktien die HV-Mitteilungen der Gesellschaft „unverzüglich an die Aktionäre weiterzugeben". Bei Namensaktien findet eine Direktansprache der registrierten Person durch die Gesellschaft statt (§ 125 Abs. 2 AktG), weshalb man das Kreditinstitut nicht benötigt.[33] Doch nicht selten ist das Kreditinstitut in das Aktienregister eingetragen für Aktien, die ihm nicht „gehören". Diese Konstellation könnte noch an praktischer Bedeutung zunehmen, wenn die Emittenten die Intermediäre zur Eintragung zwingen, wie es der neue § 64 IV 2 AktG idF UMAG vorsieht. Das als Inhaber von Aktien eingetragene Kreditinstitut hat dann ebenfalls „an die Aktionäre weiterzugeben". Die

31 Baums (Hrsg), Bericht der Regierungskommission Corporate Governance, 2001, Rn. 251.

32 Freilich kann man bei entsprechender Einrichtung eine Internetseite so buchen, dass Veränderungen automatisch mitgeteilt werden (RSS-Feed). Das bedeutet einen großen Unterschied zur Printpublikation und eine Annäherung des Pull-Modells an das Push-Modell.

33 Zum Ganzen *Lommatzsch*, NZG 2001, 1017.

Gesellschaft hat Kostenersatz zu leisten, zB 40 Cent für bis 5000 Mitteilungen – pro Übersendung!

4. Stimmrecht

Trotz formaler Qualifikation durch das Register (§ 67 II AktG) darf das Kreditinstitut das Stimmrecht nicht ausüben, sondern muss eine Ermächtigung des Anlegers haben (§ 135 VII 1 AktG). Und für Inhaberaktien formuliert § 135 I 1 AktG die Selbstverständlichkeit, dass *fremde* Aktien („die ihm nicht gehören") ohne Bevollmächtigung kein Stimmrecht vermitteln. Dieser Satz wird begreiflich vor dem Hintergrund der alten formellen Legitimation durch Papierbesitz, über den die das Depotgeschäft betreibenden Banken verfügen. Er behält seinen guten Sinn freilich auch angesichts der neuen Regelung der Depotbescheinigung innerhalb einer Kette von Intermediären.

Intermediäre spielen eine zentrale Rolle bei der Wahrnehmung des Stimmrechts auf Hauptversammlungen. Herkömmlich wurde die Vertretung der (Klein-)Aktionäre von den Kreditinstituten organisiert, das so genannte Depot-, Banken- oder Vollmachtstimmrecht. Aber genau diese Vertretungsfunktion hat den Banken in den vergangenen Jahrzehnten viel Kritik eingetragen. Zu Zeiten der alten „Deutschland AG" wurde ein Machtkartell befürchtet, mit der Bank in einer Dreifachrolle als Kreditgeber, Investor und Repräsentant der Depotklientel.[34]

Der Gesetzgeber hat reagiert. § 135 AktG ist eine der in den letzten 10 Jahren am häufigsten geänderten Normen des Aktienrechts. Im KonTraG von 1998 wurde bestimmt, dass eine Bank, die mit über 5% selbst beteiligt ist und eigene Stimmrechte wahrnimmt, nur weisungsgebunden das Vollmachtsstimmrecht ausüben darf (§ 135 I 3 AktG). Ferner wurden von den Kreditinstituten „organisatorische

34 *Mülbert*, Empfehlen sich gesetzliche Regelungen zur Einschränkung des Einflusses der Kreditinstitute auf Aktiengesellschaften?, Gutachten für den 61. Deutschen Juristentag in Karlsruhe, 1996, E 22.

Vorkehrungen" verlangt, dass Eigeninteressen aus anderen Geschäftsbereichen nicht einfließen; ein Mitglied der Geschäftsleitung ist als Verantwortlicher zu benennen. Des Weiteren ist allerlei Wissenswertes mitzuteilen: ob Personal der Bank dem Aufsichtsrat der Emittentin angehört, ob die Bank eine meldepflichtige Beteiligung hält, ob sie eine Emission in den letzten fünf Jahren (mit-)begleitet hat. Immer hat sich das Kreditinstitut „vom Interesse des Aktionärs leiten zu lassen" (§ 128 II AktG).

Gegenläufig zu den Verschärfungen der Anforderungen an eine organisierte Stimmrechtsvertretung durch Kreditinstitute[35] entschied das NaStraG von 2001: Hier wurde aus der 15-Monats-Vollmacht eine zeitlich unbeschränkte; das Kreditinstitut hat über die jederzeitige Möglichkeit des Widerrufs und über andere Vertretungsmöglichkeiten zu belehren (§ 135 II 2 AktG).

Eine neue Situation entstand für die Banken zudem durch den Trend zur Namensaktie, dem um die Jahrtausendwende etliche Gesellschaften folgten. Damit fiel ihre Rolle als Transformator zwischen Gesellschaft und Aktionär weg, da die Aktionäre direkt aufgrund ihrer Registrierung von der Gesellschaft angesprochen wurden und werden. Wie auch immer: Die Banken waren der Sache leid und haben sich in den letzten drei Jahren in großem Stil aus der Stimmrechtsvertretung zurückgezogen; das gilt vor allem für die in der Fläche vertretenen Genossenschaftsbanken und Sparkassen. Damit ist der in der Bankersprache so genannte *retail investor* ohne seine vertraute Repräsentanz. Da eine direkte Teilnahme faktisch nicht in Betracht kommt und weil Aktionärsvereinigungen nach wie vor Mauerblümchen sind (unter 1%), bleiben die Stimmrechte eben unvertreten – und die Präsenz sinkt weiter ab.[36] Rechtstatsächlich ist ein zT dramatischer Rückgang festzustellen. Nur 25% des Kapitals waren auf der Hauptversammlung 2005 der Deutschen Bank vertreten. Und noch spektakulärer war 2004 die Lage bei Infineon

35 *Noack*, FS Lutter, 2000, S. 1463; *Zöllner*, FS Peltzer, 2001, S. 661.

36 Dazu den Bericht des BMJ an den Deutschen Bundestag erläuternd *Seibert*, AG 2004, 529.

mit einer Präsenzquote von lediglich 18%. Nach einer Erhebung der Deutschen Schutzvereinigung für Wertpapierbesitz sank die Präsenzquote bei den DAX30-Gesellschaften von 61% (1998) auf 55% (2000) und betrug 2004 nur noch 47%. Dass demgegenüber der physische Hauptversammlungsbesuch kaum stagniert, sondern sich bei manchen Emittenten fünfstellige Besucherzahlen finden, gehört auch ins Bild.[37]

Im Frühjahr 2005 kam eine ganz neue Überlegung ins Spiel. Eine interministerielle Arbeitsgruppe Finanzmarktgesetzgebung (offenbar ad hoc gebildet anlässlich der „Heuschreckendebatte") hat nach Zeitungsberichten erwogen, ob man nicht Kreditinstitute gesetzlich anhalten solle, das Vollmachtsstimmrecht als Dienstleistung anzubieten, verbunden mit einer Opt-out-Regelung für Anleger, die dies ausdrücklich nicht wünschen.[38] Das wäre eine radikale Kehrtwendung gegenüber der bisherigen Politik, die Ausübung von Vollmachtsstimmrechten durch Kreditinstitute eher zu erschweren. Eine Pflicht für Intermediäre zum Vollmachtsstimmrecht ist nicht zu empfehlen. Zum einen aus nach wie vor einleuchtenden Gründen gegen ein umfassendes Depotstimmrecht aus der „Macht der Banken"- Diskussion der neunziger Jahre. Vor allem aber ist eine Pflicht zur Wahrnehmung eines Mandats mit der vermittelnden Rolle schwer vereinbar. Richtig ist, die Intermediäre dort zu verpflichten, wo nur sie den Transmissionsriemen zu dem Aktionär bilden (Push-Information bei Inhaberaktien; Mitwirkung bei Authentifizierung); darüber hinausgehende Indienstnahmen sind vertraglicher Abmachung zugewiesen, ein Kontrahierungszwang wäre systemwidrig.

37 Vgl. die Sammlung von Rechtstatsachen bei *Zetzsche*, Explicit and Implicit System of Corporate Control, CBC-RPS No. 0001, online: http://www.ssrn.com/abstract =600722. Zur Diskrepanz zwischen anwesenden Aktionären und Kapitalpräsenz sowie zur Zukunft des Organs Hauptversammlung *Noack*, in Gesellschaftsrecht in der Diskussion, Schriftenreihe der Gesellschaftsrechtlichen Vereinigung, 2005, S. 37, 55; *ders.*, Shareholders' Meeting and the Internet: Information – Communication – Decision CBC-RPS No. 0005, online http://www.ssrn.com/abstract=646723.

38 Börsenzeitung v. 9. 6. 2005, S. 7.

II. Anleger

Herkömmlich unterscheidet man zwischen Vermögens- und Verwaltungsrechten (Teilhabe-/Schutzrechte) des Aktionärs.[39] Zu den Vermögensrechten zählen das Dividenden- (§§ 58 IV, 60 AktG) und das Bezugsrecht (§ 186 AktG), sowie der Anspruch auf den Liquidationserlös (§ 271 AktG). Als Verwaltungsrechte werden die Individualbefugnisse einsortiert: Stimm- (§ 134 AktG), Teilnahme- (arg § 118 AktG), Informations- (§ 131 AktG) und Anfechtungsrecht (§§ 243, 245 etc. AktG), sowie die Minderheitsbefugnisse: Einberufung einer Hauptversammlung (§ 122 AktG), Sonderprüfung (§ 142 AktG)[40] und Geltendmachung von Ersatzansprüchen (§ 147 AktG).

1. Dividende

„Die Aktionäre haben Anspruch auf den Bilanzgewinn", sagt § 58 IV 1 AktG. Die Norm setzt voraus, dass man weiß, wer Aktionär ist. Das ist bei Namensaktien auf den ersten Blick kein Problem, denn dafür hat man das Aktienregister. Aber in der Praxis wird nicht direkt von der Gesellschaft an die registrierte Person gezahlt, denn deren Kontoverbindung ist idR unbekannt; eine Scheckzahlung wie in den USA ist bei uns nicht üblich. Vielmehr fließt die Dividende über die Intermediäre nach Depotbestand. Die Eintragung im Aktienregister spielt dabei keine Rolle. Das ist dann im Ergebnis in Ordnung, wenn der eingetragene Intermediär das Geld empfängt und an seine Klientel weiterleitet. Bei einem freien Meldebestand kommt es freilich zu Friktionen; dann stimmen Empfängerkreis und registrierte Personen nicht mehr überein, insbesondere wenn der Posten „unbenannte Aktionäre" geführt wird.[41] Manche Gesellschaften versuchen die Diskrepanz zu überwinden, indem sie die

39 Statt aller *Karsten Schmidt*, Gesellschaftsrecht, § 19 III 3 und § 28 I.

40 Im konzernrechtlichen Sonderfall des § 315 AktG auch als Individualbefugnis; dazu *Noack*, Wpg 1994, 225.

41 *Drygala*, NZG 2004, 893 interpretiert den freien Meldebestand sogar als „Leerposten", auf den nicht gezahlt werden darf.

Namensaktien mit einem auf den Inhaber gestellten Gewinnanteilsschein versehen,[42] was nach deren Auffassung zu einem Zahlungsvorgang wie bei Inhaberaktien führt. Doch ist zu fragen, ob die Namensaktie eine solche Aufspaltung in Verwaltungsrechte einerseits (für die § 67 II AktG gilt) und Vermögensrechte andererseits zulässt.[43] Wie auch immer, nach Inkrafttreten des neuen § 67 IV 2 AktG ist die Problematik entschärft, weil die Intermediäre in das Register gezwungen werden können und ein freier Meldebestand damit vermieden wird.

Bei Inhaberaktien wird entsprechend dem Depotbestand an denjenigen am Ende der Intermediär-Kette ausbezahlt, der nicht als Kreditinstitut für andere hält. Das klappt in der Praxis offenbar vorzüglich. Das Geld findet seinen Weg. Es ist nichts darüber bekannt, dass sich Aktienprätendenten über die Dividende gestritten hätten.

2. Stimmrecht

„Die Aktionäre" üben ihre Rechte in den Angelegenheiten der Gesellschaft in der Hauptversammlung aus (§ 118 I AktG). Zur Bestimmung des vom Gesetz ganz unbefangen vorausgesetzten Aktionärs wurde das Notwendige oben schon ausgeführt. Dass Kreditinstitute als Legitimationsstellen notwendig und als Vehikel für die vertretungsweise Ausübung des Stimmrechts durchaus hilfreich sind, wurde ebenfalls dargelegt.

III. Die Interessen des Emittenten

Die rechtssichere Authentifizierung der Aktionäre gelingt über die Intermediäre; über sie erreicht die Dividende ihr Ziel. Damit sind

[42] *Dieckmann*, BB 1999, 1985, 1986.
[43] Zum Numerus Clausus der Wertpapiere *Zöllner*, Wertpapierrecht (Fn. 6), S. 25 f.

die hauptsächlichen Interessen der Gesellschaft gewahrt. Abschließend noch zwei spezielle Bemerkungen aus Sicht der Gesellschaft mit Blick auf die Transparenz der anderen beiden Ecken.

1. Offenlegung der Anleger

Nach Vorstellungen einer im Herbst 2004 veröffentlichten Konsultation der EU-Kommission[44] soll die Gesellschaft von den Intermediären die Offenlegung der Namen der Anleger verlangen können, es sei denn, diese verweigern sich (*opt out*). Eine generelle Pflicht zur Offenlegung auf Anfrage des Emittenten ginge indessen zu weit. Die Kapitalmarktrichtlinien der EU sorgen für eine hinreichende Transparenz der die Meldeschwellen erreichenden Aktionäre. Im Hinblick auf Unternehmensübernahmen könnte ein negativer Effekt eintreten, wenn die Verwaltung die Anleger stets direkt ansprechen kann, während der Übernahmeinteressent auf eine weit weniger eindringliche öffentliche Kommunikation verwiesen ist. Im Übrigen ist den Aktionären grundsätzlich das Recht zuzugestehen, von der Gesellschaft nicht gekannt und behelligt zu werden, weil die Aktie als anonyme Kapitalanlage konzipiert ist.[45] Es ist deshalb zu begrüßen, dass dieser Vorschlag in der 2. Konsultation vom Mai 2005[46] nicht weiter verfolgt wurde. Freilich wäre die Weitergabe der Adressen an die Gesellschaft weniger spektakulär als es auf den ersten Blick scheint, entspricht dies doch der Rechtslage bei Namensaktien (§ 67 Abs. 4 Satz 1 AktG).

2. Offenlegung der Intermediäre

Die neueste Entwicklung auf nationaler und europäischer Ebene geht dahin, dass gegenüber der Gesellschaft die Rolle eines Inter-

[44] Dazu *Noack*, ZIP 2005, 325; abrufbar unter http://www.europa.eu.int/comm/internal_market/company/shareholders/index_de.htm.
[45] Zum anonymen Aktionär *Siems*, ZGR 2003, 218.
[46] Abrufbar unter http://www.europa.eu.int/comm/internal_market/company/docs/shareholders/consultation2_en.pdf.

mediärs offen zu legen ist. Dies betrifft Namensaktien-Gesellschaften, da sie den formalen Aktionärskreis aus ihrem Register zwar kennen, diese Kenntnis aber wenig nützt, wenn die Eingetragenen nur „Fremdbesitz“ vermitteln. Daher soll die Gesellschaft wenigstens wissen, dass sie es mit Intermediären zu tun hat.

Auf nationaler Ebene gilt ab dem 1. 11. 2005 folgende Regelung (§ 67 IV 2 AktG idF durch das UMAG): „*Wird der Inhaber von Namensaktien nicht in das Aktienregister eingetragen, so ist das depotführende Institut auf Verlangen der Gesellschaft verpflichtet, sich gegen Erstattung der notwendigen Kosten an dessen Stelle gesondert in das Aktienregister eintragen zu lassen.*“ Die Namensaktien-Gesellschaften wollen dadurch vermeiden, dass ihr Aktienregister durch den so genannten freien Meldebestand verfälscht wird. Mit dieser Bezeichnung sind Änderungen des Aktienregisters angesprochen, die dadurch entstehen, dass bei *Clearstream* Konten unterhaltende Intermediäre für Bestände in Namensaktien keine Erwerber oder statt dessen nur eine Sammelbezeichnung „Nicht benannte Aktionäre“ in die Aktienregister melden. Das Aktienregister ist zwar immer vollständig, aber im 1. Fall in Bezug auf die Veräußerer nicht aktuell (bleiben im Register) oder im 2. Fall in Bezug auf die Erwerber mit einer problematischen Eintragung (unbekannte Aktionäre).

Die neue Gesetzeslage gibt den Gesellschaften die Handhabe, die Intermediäre zur Eintragung zu zwingen. Das „gesondert“ im Normtext deutet darauf hin, dass die Stellung als Intermediär zu vermerken ist. Die mit diesem Hinweis eingetragenen Institute gelten zwar gegenüber der Gesellschaft als Aktionäre (§ 67 II AktG), aber ein Stimmrecht dürfen sie nur auf Grund einer Ermächtigung (§ 135 VII AktG) ausüben.

Eine Offenlegung der Intermediäre ist auch in den Überlegungen der 2. Konsultation der EU-Kommission zu Aktionärsrechten (s. sogleich unten D) vorgesehen. Dort heißt es:

As a matter of transparency, it may seem appropriate to provide for a general requirement that intermediaries should register as nominees with regard to the shares which they hold for the account of third parties. This would make it clear to the issuer that the intermediary does not act as an investor in relations to those shares.

Whenever an intermediary is registered as a shareholder in respect of shares which he/she/it actually holds for the account of another legal or natural person, a mention should be added in the relevant companies' shareholders registers that such intermediary hold the shares for the account of another person.

D. Internationale Entwicklungen

I. Die Konsultationen der Generaldirektion Markt über Aktionärsrechte

Das hier gezeichnete Bild eines Dreiecks zwischen Emittent, Intermediär und Anleger ist selbstverständlich kein nur nationales Phänomen. Mehrere Normsetzer auf internationaler Ebene beschäftigen sich intensiv damit. Neben der zu Jahresanfang gebildeten *EU Clearing and Settlement: Legal Certainty Group* sind insbesondere zu nennen die Arbeiten an der Haager Wertpapier-Konvention,[47] das im Mai 2005 in einer revidierten Entwurfsfassung vorgelegte UNIDROIT-Übereinkommen über intermediärverwahrte Wertpapiere[48] und die bereits erwähnten Konsultationen der EU-Kommission. Während die Haager Wertpapierkonvention und das UNIDROIT-Projekt einen ambitionierten Versuch unternehmen, die Rechtsbeziehungen zwischen Intermediär und *account holder* allgemein und umfassend zu regeln (etwa auch im Hinblick auf gutgläubigen Erwerb, Sicherungsrechte und Insolvenz), setzt die EU-Kommission deutlich enger an, nämlich mit Blick auf die Erleichterung der Ausübung von Aktionärsrechten im Binnenmarkt.

47 Proposal for Convention on the law applicable to certain rights in respect of securities held with an intermediary, online http://hcch.e-vision.nl/index_en.php?act=conventions.text&cid=72.

48 Proposal for a convention on harmonised substantive rules regarding intermediated securities, online http://www.unidroit.org/english/workprogramme/study078/item1/main.htm.

Der Aktionsplan der EU-Kommission zum Gesellschaftsrecht aus dem Jahr 2003 sieht vor, die Rechtsposition der Aktionäre zu verbessern.[49] In Verwirklichung dieses Programms legte die GD Markt die bereits oben erwähnten Konsultationen vom September 2004 und Mai 2005 über die „Einführung einer angemessenen Regelung zur Stärkung der Aktionärsrechte" vor, der bis zum Jahresende 2005 ein Richtlinienvorschlag folgen soll.[49a] Diese Konsultationen beschäftigten sich ua mit den Problemen der die europäischen Binnengrenzen überschreitenden Stimmabgabe, dies wiederum vorbereitet durch eine dem niederländischen Justizministerium zuarbeitende Expertengruppe „Cross-Border Voting in Europe".[50] Ergänzend schlägt die Konsultation vom Mai 2005 einige Klarstellungen vor. Z. B. soll es eine aus deutscher Sicht unproblematische Erlaubnis hinsichtlich von Sammelkonten geben: "*Member States shall allow intermediaries to hold shares on behalf of their clients in collective or individual accounts.*" Das sollte sowenig streitig sein wie der anschließende Vorschlag: "*Where intermediaries hold on behalf of their clients shares in collective accounts, they shall be able to cast split votes.*"

Auch die UNIDROIT Bemühungen gehen in diese Richtung, wenn es dort in Artikel 17 heißt, es dürfe keine Regel mehr bestehen,

> "which restricts the ability of a holder of securities to exercise voting or other rights in different ways in respect of different parts of a holding of securities of the same description."

49 Aktionsplan „Modernisierung des Gesellschaftsrechts und Verbesserung der Corporate Governance in der Europäischen Union", Nr. 3.1.2, online http://www.europa.eu.int/comm/internal_market/de/company/company/modern/index.htm.

49a Der Vorschlag für eine Richtlinie des Rates über die Ausübung der Stimmrechte durch Aktionäre (2005/0625) ist im Januar 2006 vorgelegt worden.

50 Abrufbar unter: http://www.jura.uni-duesseldorf.de/dozenten/noack/gesetz.shtml. Dazu Bericht *Noack*, ZIP 2002, 1215; referierend und zT krit. *Bachner*, FS Doralt, 2004, S. 33; siehe sogleich unten II.

II. Die Vorschläge der Expertengruppe Cross Border Voting

1. Definition des Intermediärs und des Anlegers

Die grenzüberschreitende Stimmrechtsausübung ist (im Grunde wie im nationalen Recht) in zwei Stufen anzugehen: Erstens muss man festlegen, *wer* die zur Disposition über das Stimmrecht befugte Person ist, zweitens muss man ordnen, *wie* dieser Person die Ausübung praktisch möglich ist (Information, Vollmachten, Stimmabgabe in absentia). Im Folgenden soll es nur um den ersten Schritt gehen.

Im nationalen Rahmen hat sich über die Zeiten eine einigermaßen konsistente Lösung entwickelt, die eingepasst ist in das übrige Gesellschafts-, Bank-, Depot-, Wertpapier- und allgemeine Zivilrecht. Davon war eingehend die Rede. Geht man auf die europäische Ebene, so kann angesichts des Fehlens eines einheitlichen Aktienrechts usw nur eine sehr grundsätzliche Lösung angestrebt werden.

Die Expertengruppe *Cross Border Voting* hat aufgrund dieser Einsicht drei Hauptpunkte identifiziert:

a) Throughout Europe it should be made clear who is entitled to vote or should have the right to determine how the votes are executed (Entitlement to control the voting right);

b) These persons or entities should be enabled to exercise their voting rights (Voting); and

c) It should be ensured that these persons or entities receive the relevant information to exercise their voting rights in an informed manner (Information).

Diese Berechtigung zur Disposition über das Stimmrecht muss rechtssicher zugewiesen werden, wobei Disposition noch nicht heißt, dass das Recht direkt gegenüber der Gesellschaft wirkt. Wer soll dispositionsbefugt sein? Jetzt schlicht zu sagen „der Aktionär" verbietet sich, weil es bei kontenverbuchten Aktienwerten nicht mehr einen gleichsam natürlichen Aktionär gibt, sondern die Schnittstelle eine Frage rechtlicher Festlegung ist. Man wird nun kaum den am Investment wirtschaftlich Interessierten zur berechtigten Person erklären, weil sich diese Eigenschaft schwerlich rechtsgewiss feststellen lässt. Aber anzustreben ist, dieser Person so nahe wie möglich zu kommen.

Als dispositionsberechtigte Person soll gelten, wer nächster Depotinhaber nach einem Intermediär ist, ohne selbst ein solcher zu sein. Diese Person wird im Bericht der Cross-Border-Voting Gruppe als *ultimate investor* oder auch als *ultimate accountholder* bezeichnet. Wer Intermediär ist, ergibt sich aus einer Beteiligung an dem EU-Wertpapiersystem. So wie auf nationaler Ebene das KWG den Finanzintermediär bestimmt, so geschieht dies auf EU-Ebene durch entsprechende (ggf noch zu entwickelnde) Richtlinien.

Als Hauptregel schlägt die Expertengruppe vor:

Member States must ensure that Ultimate Accountholders in Securities Holding Systems are acknowledged to be entitled to control the voting right attached to shares held through Securities Holding Systems (the primary rule)

Intermediär ist, wer als Depotinhaber einem EU-Wertpapiersystem angehört. Anleger ist, wer als Depotinhaber keinem EU-Wertpapiersystem angehört. Letztere Negativbestimmung ist ganz eindeutig, so dass Bedenken hinsichtlich der Rechtssicherheit nicht angebracht sind, im Gegenteil. Der Einwand, man erreiche mit dieser negativ getroffenen Definition vielfach nicht den wahren Investor, welcher das wirtschaftliche Risiko trage, ist hingegen zutreffend. Es gibt komplexe vertragliche Beziehungen jenseits der scharfen Grenze Intermediär – Nichtintermediär, die sich einer eindeutigen Erfassung entziehen. So kann etwa ein Broker für seine Klienten, ein Fonds für seine Anteilszeichner, ein Treuhänder für die Treugeber, eine US-Bank (sie ist nicht Mitglied im EU-Wertpapiersystem) als Custodian für nordamerikanische Investoren auftreten. Da eine Berücksichtigung dieser Binnenbeziehungen nach der Schnittstelle nicht möglich ist, wird vorgeschlagen, dem Nichtintermediär die Benennung seiner Klientel als dispositionsberechtigt zu erlauben:

Member States must ensure that the Ultimate Accountholder in a Securities

Holding System is authorised to designate clients as entitled to control the voting right, who will as a result be acknowledged as such (the supplementary rule).

Gegenüber dieser klaren und konsequenten Strukturierung ist die GD Markt mit ihrer 2. Konsultation zurückgewichen. Zwar soll der Intermediär ähnlich wie vorgeschlagen bestimmt werden, freilich schon weniger eindeutig:

A legal or natural person who, as part of a regular activity, maintains securities accounts for the account of other legal or natural persons shall be considered as an intermediary. An intermediary may also maintain securities accounts for its own account.

Hingegen soll der Anleger nunmehr nicht mehr bestimmt werden. Die 2. Konsultation bringt als Ansicht der GD Markt dagegen vor, es sei erstens schwierig, eine allgemeingültige Definition zu finden, die das Dispositionsrecht zu der Person bringt, die das Risiko des Investments trägt. Zweitens verursache das Fehlen einer Definition keine offenbaren praktischen Probleme („*In practice, there seems to be little difficulty in identifying the person who directs how shares are to be voted, nor does this seem to give rise to conflicting claims*"). Drittens sei die Definition des Anlegers nicht unerlässlich für die Erleichterung der grenzüberschreitenden Stimmausübung. Die Frage möge in einer längerfristigen Perspektive angegangen und dem Arbeitsgebiet Clearing und Settlement überlassen bleiben. Hilfsweise könne man folgende Definition verwenden:

The legal or natural person that holds a securities account for its own account shall have the right to determine how votes attached to shares credited to its securities account are to be cast.

Letztere Umschreibung taugt freilich nicht, denn sie verlangt die Wertung, dass eine Person das Depot für sich selbst hält. Damit wäre man wohl nahe an dem wirtschaftlichen Eigentümer, doch Zweifelsfälle bleiben ungelöst und die Rechtssicherheit auf der Strecke. Die Trennlinie zwischen Wertpapierunternehmen und Nicht-Wertpapierunternehmen ist hingegen scharf und eindeutig. Dass jenseits dieser Grenze weitere Beziehungen zwischen an einem Aktieninvestment interessierten Personen bestehen, kann doch nicht gegen die exakte Schnittstelle eingewandt werden.

Rechtspolitisch mag es ratsam sein, angesichts der Widerstände und Missverständnisse, die sich um die Definition des Anlegers entfalten, den Fortgang der so wichtigen Erleichterung der Stimmrechtsausübung im Binnenmarkt damit nicht zu belasten. Man mag mit einer Definition lediglich des Intermediärs wohl auskommen. Aber es ist dann ein Haus auf Stelzen, dem das Erdgeschoss fehlt.

2. Disposition über das Stimmrecht

a) Anleger wird formell als Aktionär anerkannt

Hat man den Anleger bestimmt, so liegt es nahe, dass er auch als stimmberechtigter Aktionär gilt (Inhaberaktien) bzw als solcher im Aktienregister eingetragen wird (Namensaktien). So sehen es folglich die ersten beiden Optionen vor, welche nach der Expertengruppe die Mitgliedstaaten in ihren nationalen Aktienrechten eröffnen sollen. In ihrer 2. Konsultation hat die GD Markt dies nicht wieder aufgegriffen, wohl weil solches selbstverständlich ist. Für Deutschland ergäbe sich bei einer entsprechenden Richtlinie insoweit keine Anpassungsnotwendigkeit.

b) Intermediär wird formell als Aktionär anerkannt

Andererseits würde eine allgemeine Pflicht, dass stets der Anleger in das Aktienregister einzutragen sei, zu weit gehen, vor allem weil dies einen erheblichen Eingriff in die nationalen Aktienrechte bedeuten würde. Deshalb schlagen die Konsultationen zwei Binnenwege vor: Der Anleger erhält eine Vollmacht vom Registrierten oder der Anleger weist ihn hinsichtlich der Stimmrechtsausübung an. Dem im deutschen Aktienrecht Kundigen sind beide Wege gut vertraut (für die Vollmacht § 134 Abs. 3 AktG, für die Ermächtigung § 135 Abs. 7 AktG). Klarzustellen wäre, dass Vollmacht bzw Ermächtigung nur im Innenverhältnis zwischen Intermediär und Anleger von Bedeutung sind (vgl § 135 VI AktG). Die Gesellschaft kann und muss sich darauf verlassen, dass die in ihrem Aktienregister notierten Personen stimmberechtigt sind, und zwar auch dann, wenn diese ihren Pflichten gegenüber den Anlegern (Vollmacht erteilen; Weisung befolgen) nicht nachkommen. Zu einer mancherorts befürchteten Aufspaltung zwischen Stimmrecht und Eintragung kommt es daher nicht. Vielmehr werden EU-weite Regeln für das Verhältnis zwischen dem (für die Gesellschaft maßgeblichen) Registrierten und dem (nach vorstehender Regel bestimmten) Anleger vorgeschlagen, die Letzteren in die Lage versetzen sollen, die Stimmrechtsausübung zu dirigieren.

Die hier behandelten Binnenwege betreffen Namensaktien, doch sie können auch für Inhaberaktien in Betracht kommen, wenn es (wie die 2. Konsultation behauptet) Rechtsordnungen gibt, die grundsätzlich den Intermediär als berechtigt ansehen. Auch dann muss entweder der Anleger mit einer Vollmacht ausgestattet oder mit der Befugnis versehen, dem Intermediär entsprechende Anweisungen zu geben:

Where an intermediary is a shareholder in relation to shares which the intermediary holds for the account of another legal or natural person, that other legal of natural person shall have the right to be given a power of attorney by the intermediary to attend the General Meeting and act at the General Meeting as if he/she/it were a shareholder.

Intermediaries shall have the right to cast votes upon their clients express instructions.

E. Fazit

Die Bipolarität Aktiengesellschaft – Anleger ist aufgelöst in eine Dreierbeziehung Gesellschaft – Intermediär – Anleger. Im Zwischenmenschlichen sind Dreierbeziehungen idR unerwünscht, jedenfalls instabil. Das trifft für das moderne Aktienwesen nicht zu, im Gegenteil. Die Popularität der Aktie, ihre Internationalisierung, und damit auch die Selbstfinanzierungskräfte einer Volkswirtschaft sind ohne Finanzintermediäre nicht denkbar. Die Wissenschaft und die Gesetzgebung sollten das Dreieck zentral adressieren.

Zweiter Hauptteil: Marktmodelle der Wertpapierabwicklung

Das vertikale Modell

Axel Nawrath

Gliederung

1. Formen und Motive vertikaler Integration
2. Die Scheindiskussion um das „vertikale Silo“
3. Vergleich der vertikalen Integration in Deutschland und Frankreich
4. Der Entwicklungspfad der Gruppe Deutsche Börse
5. Börsenorganisation und User-Governance in Deutschland
6. Plädoyer für funktionale Regulierung
7. Ausblick

1. Formen und Motive vertikaler Integration

Vertikale Geschäftsmodelle sind im Bereich des Post-Trade-Sektors besonders pointiert bewertet und teilweise auch kritisiert worden. Diese Kritik beruht nach meiner Überzeugung auf einer Mischung aus unvollständiger Information und Fehlinterpretation. Das Thema der vertikalen Integration verdient, entmystifiziert zu werden.

Lassen Sie mich mit einigen Systematisierungen beginnen: Aus mikroökonomischer Sicht kann wirtschaftliche Koordination zum Austausch von Gütern und Dienstleistungen entweder durch vertikale Separation oder durch vertikale Integration stattfinden. Dies sind die beiden Extremfälle von Organisationsformen in einem Marktumfeld. Vertikale *Separation* ist eine Struktur, in der Upstream-Unternehmen, d. h. Produzenten der vorgelagerten Stufe auf der Wertschöpfungskette, Produkte oder Dienstleistungen über Märkte an die Downstream-Unternehmen, die Produzenten von auf der Wertschöpfungskette nachgelagerten Dienstleistungen, anbieten. Vertikale *Integration* liegt dagegen vor, wenn Dienstleister der Upstream-Stufe durch eine exklusive Vereinbarung mit der Downstream-Stufe verbunden sind. Unternehmen können vertikale Integration auf zweierlei Weise erreichen: durch internes oder durch externes Wachstum.

Internes Wachstum bedeutet, dass Unternehmen auf einer vor- oder nachgelagerten Stufe neue Abteilungen eröffnen. In diesem Sinne weist jede Firma in einem gewissen Umfang vertikale Strukturen auf. *Externes* Wachstum bezieht sich auf den Zukauf anderer Unternehmen oder auf eine Partnerschaft mit anderen Anbietern. Auch beim externen Wachstum sind wiederum zwei Formen zu unterscheiden: erstens vertragliche Gestaltung und zweitens einheitliche Unternehmensführung.

Im ersten Fall findet während der Dauer eines regelungsintensiven Vertrages die Koordination des Austauschprozesses nicht mehr über den Markt statt. Eine solche Vereinbarung besteht beispielsweise zwischen der London Stock Exchange und LCH-Clearnet, die ein Clearing-Agreement zur Abwicklung des Aktiengeschäfts jeweils mit einer Dauer von zwölf Monaten abgeschlossen haben.

Die zweite Form der vertikalen Integration durch externes Wachstum wird durch Zusammenführen von Unternehmen unter die Kontrolle einer einheitlichen Unternehmensführung geschaffen, welche aufeinander folgende Stufen der Wertschöpfungskette anbieten. Die Deutsche Börse AG hat zum Beispiel ihr Geschäftsmodell für den deutschen Kassamarkt auf eine vertikale Integration ausgerichtet.

Beide zuletzt genannten Integrationsformen zielen im Wertpapiergeschäft darauf ab, die Möglichkeit des sog. Straight-Through-Processing (STP) über alle Stufen der Wertschöpfungskette im Handel von Wertpapieren und der Abwicklung zu verbessern, um die manuelle Bearbeitung von Transaktionen und die damit verbundenen Kosten zu reduzieren. Die Schaffung effizienter Funktionalitäten ist also der Treiber dieser Entwicklung. Eine auf STP ausgerichtete Integration findet sich in fast allen börsenrelevanten Märkten. Zwar bezeichnet z. B. Euronext ihr Konzept als „open architecture that is supported by technological intregration“, letztlich geht es aber auch dabei um die Erreichung von STP, die entweder über eine vertragliche Beziehung oder einheitliche Eigentumskontrolle erreicht wird.

Eine Kapitalbeteiligung an anderen Börsenbetreibern ist somit nicht der einzige Weg, um die Integration des Kapitalmarkts voranzutreiben. So hat die Deutsche Börse auch auf vertraglicher Grundlage integrierte Strukturen geschaffen. Die Deutsche Börse betreibt das Handelssystem der Kassamärkte in Wien und Dublin. Solche Vereinbarungen gelten nicht nur für die Handelsseite. An der Irish Stock Exchange bietet die Deutsche Börse-Tochtergesellschaft Eurex Clearing ebenfalls CCP-Clearing an. Durch dieses diversifizierte Geschäftsmodell ist es möglich, einen positiven Beitrag zur Effizienzsteigerung zu leisten. Wenn man die in Geschäftsbereichen veröffentlichten Kerndaten der Deutsche Börse mit denen anderer Marktteilnehmer vergleicht und einen virtuellen Konkurrenten derselben Wertschöpfungskette simuliert, beispielsweise bestehend aus London Stock Exchange, LIFFE, London Clearing House und CREST, so arbeitet die Deutsche Börse mit 30 Prozent weniger Mitarbeitern, 25 Prozent höherer Produktivität und 14 Prozent geringeren operativen Kosten.[1]

2. Die Scheindiskussion um das „vertikale Silo“

Im Finanzmarktjargon wird für eine voll integrierte Architektur der Finanzmarktinfrastruktur immer wieder der Begriff des „vertikalen Silos“ benutzt. Üblicherweise bezeichnet dieser Begriff im Zusammenhang mit dem Wertpapiergeschäft eine Struktur, in der alle Aktivitäten vom Handel über das Clearing bis zum Settlement

1 Die Zahlen basieren auf Schätzungen von Mercer Oliver Wyman aus dem Jahre 2003.

von Organisationen angeboten werden, die einer rechtlichen Einheit unterstehen.

Daher wurde vor allem das Geschäftsmodell der Deutsche Börse als „vertikales Silo" bezeichnet. Aber auch andere Organisationen, wie z. B. die Borsa Italiana und Monte Titoli oder die Bolsa de Madrid samt Abwickler Iberclear, haben ähnliche Integrationsschritte unternommen. Die kürzlich erfolgte Mehrheitsbeteiligung der Wiener Börse an der Börse Budapest einschließlich des lokalen Central Securities Depository (CSD) Keler weist die gleichen Charakteristika auf. Diese Transaktion wurde von der Europäischen Kommission sogar hinsichtlich ihrer wettbewerbsfördernden Eigenschaften gelobt.

In diesem Zusammenhang sei eine Erwähnung am Rande gestattet: Selbst die London Stock Exchange (LSE) hatte versucht, ein vertikal integriertes Modell zu schaffen. In den 80er-Jahren bemühte sich die LSE unter dem Projektnamen TAURUS (Transfer and Automated Registration of Uncertificated Stock) eine elektronische Abwicklungseinrichtung aufzubauen. Dieses Projekt konnte nicht erfolgreich abgeschlossen werden. Daher begann die Bank of England Mitte der 90er Maßnahmen zu treffen, die schließlich zur Etablierung von CREST führten. Erst nach dem Scheitern von TAURUS begannen Vertreter der City, einheitliche Eigentümerstrukturen von Handel und Abwicklung zu kritisieren. Im Übrigen ist auch für die Deutsche Börse das ausschließlich für den deutschen Markt etablierte Geschäftsmodell kein Dogma. Beispielsweise war im Zusammenhang mit dem Übernahmeversuch der LSE vorgesehen, die Abwicklung unverändert über CREST vornehmen zu lassen.

Exklusive Vereinbarungen von Handels- und Abwicklungsinfrastruktur werden von den Marktteilnehmern wegen der Effizienzvorteile aber befürwortet. Beispielsweise erklärte der Zentrale Kreditausschuss (ZKA) in seiner Stellungnahme an die Generaldirektion Wettbewerb der Europäischen Kommission im Dezember 2004, dass die in Deutschland bestehende Verbindung von Handel, Clearing und Abwicklung im Interesse des Gesamtmarktes und nicht mit der Frage des Eigentums verbunden sei. Dies ist der Grund, weshalb sich exklusive Vereinbarungen zwischen Handelsplattform und Abwicklungseinrichtungen auch in den Märkten finden, die gemeinhin horizontale Eigentumsstrukturen aufweisen. Dies lässt sich an einem Vergleich der börslichen Handels- und Abwicklungseinrichtungen für Wertpapiere in Deutschland und Frankreich demonstrieren.

3. Vergleich der vertikalen Integration in Deutschland und Frankreich

Zum Handel von Wertpapieren existieren in Deutschland neben der von der Deutschen Börse betriebenen Frankfurter Wertpapierbörse (FWB) samt elektronischem Handelssystem Xetra eine Vielzahl anderer börslicher Handelsplätze. Gleichwohl konzentriert sich ein Großteil des börslichen Handelsvolumens in Aktien auf Xetra. Für bestimmte von der Deutschen Börse betriebene Märkte bzw. Handelsplattformen fungiert die Eurex Clearing AG als zentraler Kontrahent. Sie befindet sich nur zu 50% im Besitz der Deutschen Börse, während die restlichen 50% über die Schweizer Börse gehalten werden, die noch keinen Börsengang durchgeführt hat. Damit befindet sich die Hälfte des CCPs in Deutschland in „User Ownership".[2] Die Kassageschäfte aller in Deutschland existierenden Börsen werden bisher von der Clearstream Banking Frankfurt (CBF), die sich zu 100% in Besitz der Deutschen Börse befindet, abgewickelt. Dabei steht es dem Kunden frei, anstatt eigener Konten auch die Verbindung anderer Depotbanken zu nutzen.

In Frankreich betreibt die Euronext das elektronische Handelssystem NSC. Das CCP-Clearing wird von Clearnet übernommen. An der Holdinggesellschaft LCH. Clearnet ist die Abwicklungsgesellschaft

2 User Ownership bezieht sich darauf, dass die Nutzer bzw. Kunden einer Börse oder eines Abwicklers auch die Eigentümer dieser Einrichtung sind. Zu unterscheiden davon ist jedoch die Frage der effektiven „User Governance".

Euroclear mit knapp 10% beteiligt. Euronext selbst hält gut 40% der Anteile.[3] Damit befindet sich der CCP in Frankreich – ganz wie in Deutschland – etwa zur Hälfte in „User Ownership“. Auch für das Settlement von Börsengeschäften existiert in Frankreich nur ein CSD. Der bevorzugte Partner von Euronext ist Euroclear. An Euroclear hält Euronext eine Minderheitsbeteiligung in Höhe von 2,34%[4] und ist darüber hinaus indirekt über Sicovam Holding beteiligt.

Es lassen sich zwischen beiden Märkten also gewisse Parallelen feststellen. Sowohl Deutschland als auch Frankreich sind in ihrer vertikalen Struktur sehr ähnlich. Während alle FWB-Geschäfte über CBF abgewickelt werden *können, müssen* Börsengeschäfte von Euronext in Frankreich auch nur über Euroclear abgewickelt werden. Die FWB hat nämlich die Voraussetzungen geschaffen, Wettbewerbern den Eintritt in die Abwicklung (Settlement) von Börsengeschäften zu ermöglichen. So wurde ihre Börsenordnung dahingehend geändert, dass jede beliebige Wertpapiersammelbank als Abwicklungseinrichtung genutzt werden kann. Im Unterschied zu Deutschland schreibt jedoch in Frankreich Euronext weiterhin vor, dass die Abwicklung ausschließlich über Euroclear France vorgenommen werden kann.[5] Mit anderen Worten: Vertikale Integration ist nicht auf die Deutsche Börse beschränkt, auch zahlreiche andere Börsen bedienen sich dieses Modells, um Transaktionskosten zu sparen, und der Grad der Exklusivität ist in bestimmten Aspekten bei vertikalen

3 Die Stimmrechte wurden jedoch bei 24,9% gekappt.

4 Durch den Verkauf des belgischen CSDs (CIK) an Euroclear erhöht sich zum Januar 2006 die Beteiligung von Euronext an Euroclear PLC auf 4%.

5 Dies bedeutet aber nicht, dass Settlement (oder Clearing) eine Dienstleistung ist, die in einem Markt ausschließlich von CSD angeboten wird. Settlement, d. h. die Gutschrift bzw. Belastung von Konten zur Übertragung von Wertpapieren oder Geld, wird von einer Vielzahl von Institutionen angeboten. Gerade das außerbörsliche Geschäft, welches in Deutschland im Gegensatz zu anderen Ländern kaum eingeschränkt ist, kann unter gewissen Voraussetzungen auch von Banken selbst ohne Einschaltung des CSDs abgewickelt werden.

Arrangements in Europa vergleichbar stark ausgeprägt wie in Deutschland.

4. Der Entwicklungspfad der Gruppe Deutsche Börse

Die Deutsche Börse wird häufig als Prototyp für eine vertikale Integration dargestellt. Die Entwicklung der heutigen Abwicklungsstrukturen in Deutschland war jedoch komplexer als es das Etikett „vertikale Integration“ nahe legt. Die Konsolidierung in Deutschland begann auf der horizontalen Ebene, nämlich mit der Verschmelzung der Kassenvereine und Wertpapiersammelbanken in Berlin, Düsseldorf, Frankfurt, Hamburg und Hannover im Jahr 1989. Die Kunden und Eigentümer des daraus entstandenen Deutschen Kassenvereins (DKV) waren die deutschen Kreditinstitute. 1996 wurde der Auslandskassenverein (AKV) mit dem DKV verschmolzen. Hier wurde bereits auf der vertikalen Ebene konsolidiert, da der AKV kein Endverwahrer war. Anschließend wurde im Jahr 1997 der Deutsche Kassenverein in die Trägerschaft der Deutschen Börse überführt und in Deutsche Börse Clearing AG umbenannt. Dies stellte somit eine weitere vertikale Integration dar. Die Banken als bisherige Eigentümer hatten zu diesem Zeitpunkt ihre Anteile vollständig an die Deutsche Börse abgegeben. Die Fusion der Deutschen Terminbörse mit der Swiss Options and Financial Futures Exchange (SOFFEX) zur Eurex im Jahre 1998 stellt wiederum eine horizontale Integration dar. Im Jahre 2000 gab es eine erneute horizontale Integration mit der Zusammenlegung der Deutsche Börse Clearing AG mit dem Internationalen Abwickler Cedel. Im Jahr 2002 übernahm die Deutsche Börse Clearstream vollständig und zahlte die restlichen Cedel-International-Aktionäre aus. Auch zu diesem Zeitpunkt haben alle Altaktionäre, insbesondere die internationalen Banken, das Übernahmeangebot der Deutsche Börse angenommen.

Die Konsolidierungsschritte der Deutschen Börse wurden entsprechend den Markt- und Kundenbedürfnissen ausgerichtet, die eine

Konzentration von Liquidität in einem homogenen System nachfragen. Dabei haben die horizontalen Konsoliderungsschritte überwogen. Die vertikale Integration gilt nur für den deutschen Markt (bzw. die FWB). Andere Geschäftsaktivitäten der Deutschen Börse, wie z. B. der ICSD, haben mit vertikaler Integration nichts zu tun. Sie stellen lediglich eine Ausweitung des Geschäftsmodells dar, vergleichbar mit anderen Bereichen, wie z. B. das Inhouse IT.

5. Börsenorganisation und User-Governance in Deutschland

Jedes Unternehmensmodell bedarf sicherlich geeigneter Governance-Strukturen, die im Einzelfall unterschiedlich ausgeprägt sein können. Die Geschäftsaktivitäten der Deutschen Börse unterliegen einer sehr umfassenden, aber vielleicht unterschätzten Form der User-Governance. Die Deutsche Börse ist nicht selbst eine Börse, sondern sie fungiert als Trägergesellschaft verschiedener Börsen, u. a. der FWB.[6] Als Betreiber der Börse ist die Deutsche Börse verpflichtet, alle nötigen Mittel bereitzustellen (Mitarbeiter, IT etc.). Die FWB als teilrechtsfähige Anstalt des öffentlichen Rechts des Landes Hessen besitzt die Ermächtigung zum aktiven Handeln nach Vorraussetzungen des öffentlichen Rechts. In der Ausübung dieser Rechte unterliegt die FWB einer institutionalisierten Kontrolle durch die Marktteilnehmer. Das wesentliche Kontrollgremium ist der Börsenrat. In ihm werden wesentliche Fragen und Entwicklungen an der FWB und der Abwicklung des Handels erörtert und entschieden. Die Deutsche Börse benötigt für alle Fragen, die von grundsätzlicher Bedeutung für den Betrieb der Börse und die Abwicklung des Handels sind, die Zustimmung des Börsenrats. Er erlässt ferner die Börsenordnung, die Gebührenordnung und die Bedingungen für die Geschäfte an der Börse. Aber auch über die Einführung neuer technischer Systeme und Marktmodelle entschei-

6 Sie ist aber auch über die Eurex Frankfurt AG Träger einer weiteren deutschen Börse, nämlich der Eurex Deutschland.

det der Börsenrat. Ihm gehören eine Vielzahl von Repräsentanten der Markteilnehmer an, von den Privatbanken und Sparkassen über die Auslandsbanken bis hin zu Kapitalanlagegesellschaften und den Privatanlegern.

So waren es auch die im Börsenrat repräsentierten Marktteilnehmer, die beispielsweise die Einführung des zentralen Kontrahenten (CCP) für den Kassamarkt der FWB beschlossen haben. Selbst über die Frage, wie Börsengeschäfte abgewickelt werden, entscheidet der Börsenrat. Zusätzlich zur beschriebenen, gesetzlich festgeschriebenen User-Governance an der FWB hat die Deutsche Börse Gruppe eine Vielzahl von zusätzlichen User-Gremien etabliert. Für alle relevanten Geschäftsbereiche wie Information Products, Handel auf Xetra und Eurex bis zum Clearing und Settlement (sowie IT) gibt es Beratungsgremien, die die Deutsche Börse bei der Realisierung von neuen Funktionalitäten oder Marktmodellen beraten. Auch in diesen Gremien sind wiederum die Marktteilnehmer vertreten.

Die Diskussion über die Vor- und Nachteile der horizontalen und vertikalen Integration ist für den Erfolg und die Attraktivität einer Börsenorganisation damit kaum entscheidend. Governance-Fragen sind in verschiedenen Ländern unterschiedlich geregelt. Das deutsche Modell scheint jedoch gerade in dieser Hinsicht einem hohen Standard zu genügen. Die zukünftige Entwicklung der Kapitalmarktstruktur scheint daher eher von anderen Fragen bestimmt zu werden.

6. Plädoyer für funktionale Regulierung

Traditionell wurden die verschiedenen Funktionen am Kapitalmarkt von der Ansammlung von Kapital über den Austausch von Wertpapieren bis hin zum Zahlungsverkehr von Banken angeboten. Um Effizienzgewinne zu realisieren, haben Banken frühzeitig begonnen, bestimmte Dienstleistungen auf so genannte Infrastrukturanbieter zu verlagern. So konnten beispielsweise die Vielzahl der bilateralen Beziehungen und Verbindungen verringert werden. Dabei hatten Banken die vollständige Kontrolle dieser Strukturen behalten, indem sie weiterhin ausschließliche Eigentümer blieben. Schließlich begannen Ende der 90er-Jahre die Banken, diese Einrichtungen zu Kapitalmarktbedingungen zu privatisieren (Demutualisierung). Die klare Funktionstrennung von Infrastrukturanbietern und Banken beginnt mittlerweile zum Teil aufzuweichen. Im Aktien-Bereich bieten CSDs nicht nur Infrastrukturdienstleistungen insbesondere zur Abwicklung des Börsengeschäftes an, sondern sind zugleich Nutzer von anderen CSDs, z. B. im Rahmen von CSD-Links, oder Depotbanken. Agent-Banken stellen – sofern sie internes Settlement anbieten – eine quasi-Infrastrukturdienstleistung zur Verfügung, während sie sonst als Kunden von den Infrastrukuranbietern auftreten.

Dies stellt Herausforderungen für die Regulierer dar, da keine Post-Trade Funktion exklusiv von einem CSD angeboten wird. Unterschiede lassen sich lediglich in den Service-Levels finden. Um den Folgen der skizzierten Entwicklung gerecht zu werden, ist die Durchsetzung einer strikten funktionalen Regulierung notwendig. Diese abstrahiert von konkreten Produkten und Anbietern. Stattdessen unterwirft sie die Erbringung gleicher Dienstleistungen einer gleichen Regulierung, um ein hohes Maß an Wettbewerbsneutralität von Regulierung zu gewährleisten. Der Villiers/Kauppi Report, der vor kurzem vom Europäischen Parlament verabschiedet wurde, hat sich zur Frage der Regulierung des Post-Trade-Markts eindeutig in diesem Sinne ausgesprochen.

7. Ausblick

Der europäische Post-Trade-Markt ist für inländische Transaktionen effizient und innovativ und damit gegenwärtig hoch wettbewerbsfähig. Es gibt jedoch Potenzial, den Prozess grenzüberschreitender Transaktionen innerhalb Europas kosteneffizienter zu gestalten. Ein wesentlicher Beitrag der Marktseite liegt in der weiteren Konsolidierung. Die zukünftige Debatte wird sich nicht um die Frage der horizontalen oder vertikalen Integration drehen. Es wird stattdessen darum gehen, die betriebswirtschaftlich notwendige Aufstellung von Unternehmen zu schaffen, um im zukünftigen globalen Wettbewerb mit außereuropäischen Wettbewerbern bestehen zu können. In den Worten von Robert Schwartz, Professor am Baruch College in New York, "In this world we live in now [exchanges becoming for profit companies, going public and pursuing mergers that enable them to cut costs or expand the types of securities they trade] bigger is better." Die Deutsche Börse hätte ohne ihr diversifiziertes Geschäftsmodell niemals ihre heutige Bedeutung erreichen können, wenn sie lediglich als Marktbetreiber der Frankfurter Wertpapierbörse aktiv gewesen wäre.

Gegenwärtig hat Europa gegenüber den USA hinsichtlich der Börsen und Abwicklungsstruktur global in vielen Bereichen einen Wettbewerbsvorteil. Dieser ist dauerhaft nicht aufrechtzuhalten, wenn Börsen und Abwicklungseinrichtungen nicht weiter konsolidieren können. Nur durch Konsolidierung können sie Einheiten schaffen, die aufgrund ihrer Größe mit neuen Wettbewerbern, wie z. B. dem zukünftigen Gemeinschaftsunternehmen aus NYSE und Archipelago, mithalten können. Der CEO der NYSE, John Thain, wurde in einem Artikel des „Wall Street Journal" wie folgt zitiert: „We'll look at [...] acquisition opportunities [...] We need to be competitive globally, and in time, there should be relationship between U. S. markets and European markets and at some point the Asian markets". Ohne weitere Konsolidierung droht den Börsenbetreibern im globalen Wettbewerb eine ähnliche Marginalisierung, wie sie in anderen Bereichen teilweise bereits festzustellen ist.

Eine wichtige Voraussetzung für erfolgreiche Konsolidierungsschritte in Europa auf allen Ebenen der Wertschöpfungskette ist die Harmonisierung der steuerlichen und rechtlichen Rahmenbedingungen. Nur unter dieser Voraussetzung können die Kunden die Effizienzvorteile eines einheitlichen Binnenmarktes voll ausschöpfen. Die Weiterentwicklung des Kapitalmarktrechts bedarf der Einbeziehung horizontaler und komplementärer Politikbereiche, wie

z. B. des Gesellschaftsrechts, der Rechnungslegung, des Insolvenzrechts oder steuerlicher Vorschriften, mit dem Ziel, ein konsistentes Rahmenwerk für den EU-Binnenmarkt zu schaffen.

Panel Discussion: Market Models for Securities Settlement

Moderator: *Ernst Decker*[1]

Panel participants

- Marc Bayle, Deputy Head of the Securities Settlement Systems Policy Division, European Central Bank, Frankfurt
- Doris Kolassa, European Commission, Directorate General for the Internal Market and Services, Brussels
- Dr. Axel Nawrath, Deutsche Börse AG, Frankfurt
- Cornelia Raif, Director, Citigroup, Frankfurt
- Dr. Stephan Schuster, Managing Director, Deutsche Bank AG, Frankfurt
- Anso Thiré, Euroclear Bank, Brussels

Ernst Decker: We will begin this discussion by giving each of our panelists the opportunity to make an opening statement.

Marc Bayle: The ECB is rather neutral on the question of whether the integration of securities settlement systems should be horizontal or vertical. We are a strong supporter of market integration, and for this reason we would like to see the most efficient infrastructure for the securities markets in Europe introduced as soon as possible. We are very much focused on this objective. However, our primary stance is that of a catalyst for change, i. e., to promote and support all positive initiatives that can be made in this field. At the same time, we strongly believe in supporting market-driven solutions, and thus I was happy to hear the presentations of Messrs. Stephan

1 BHF-Bank AG, Frankfurt.

Schuster and Anso Thiré, which directly preceded this panel. These two presentations showed that the analyses used by the proponents of the vertical and the horizontal models are basically the same. There are two symptoms to be addressed: the market infrastructure is not yet unified to an extent that is satisfactory for the ambitions of the euro zone market – which creates unacceptably high costs – and there are too many market infrastructure elements. Thus there is complete agreement on the need for further integration, whether this is done with one model or the other.

We have seen that there are strong differences between the two models presented in terms of governance, choice of business model, and approach to integration, but both alternatives present improvements to the current situation. Perhaps one drawback is the length of time required for implementation. I would like to pose the following question to my two colleagues: which of you can present the best solution for the entire euro area?

Ernst Decker: Thank you, Marc. Before Anso and Stephan answer Marc's question, let us continue with the introductory statements of the rest of the panel. The next panel member is Dr. Stephan Schuster.

Dr. Stephan Schuster: First of all, I would like to give a survey of the current European central bank architecture and the situation as it was before the introduction of the Euro, since it can exemplify a potential European cross-border clearing & settlement solution. Currently the European central bank structure is characterised by the European System of Central Banks comprising the national central banks of the EMU members, which are directly linked to the European Central Bank as the central bank of the Euro-zone. The existing status of the European securities settlement industry is to some extent comparable with the European central bank structure before the introduction of the Euro. Several national Central Security Depositories (CSDs) and two International Central Security Depositories (ICSDs) are operating in the European cross-border securities settlement business. Analogous to the implementation of the European Central Bank, a Central Securities Settlement Institution (CSSI) could act as a centralised access point for the single CSDs and ICSDs for cross-border securities settlement activities. With this structure in place market participants could select their CSD of choice as the single point of entry to both the national and the cross-border market. Investment and migration costs could be minimized. Generally speaking, any efforts to enhance European clearing & settlement should focus on **cross-border** services in order to make these as cost-efficient, credible and safe as they already are on a national level in Europe.

Ernst Decker: Thank you very much Mr. Schuster. I think we now have to discuss *three* systems, adding your CSSI system for a central European provider of cross-border settlement to the vertical and horizontal models. This may also be interesting for the cash side of settlement transactions, and perhaps we will return to it. Let us now turn to our next panel member, Ms. Cornelia Raif.

Cornelia Raif: First of all, I would like to thank Prof. Theodor Baums for inviting me to speak at this conference. It is a pleasure for me to share with you today some thoughts and ideas on the future of clearing and settlement systems for Europe. I agree with my colleagues here that we are not restricted to debating whether vertical or horizontal integration is superior. I think that we should rather, to develop a more efficient market structure in Europe, look to see who the players are and determine their business needs. Who are the players on the European landscape? First, there are the investors. They need a high level of efficiency and risk protection. Second, there are the issuers of the bonds and equities. They are looking for low cost access to capital. Third, there are the intermediaries, such as investment banks, asset managers, global custodians, and agent banks, as well as CSDs and ICSDs, which want to grow revenue and shareholder value. There are also the market infrastructure providers, such as securities exchanges, central counterparties, CSDs and ICSDs that require an efficient and low cost environment – which, by the way, are also run by executives with more or less the same empire-building instincts as any institution in the commercial sector – as well as the needs to grow revenue and expand business.

I believe that every single player should continue to work along the following, three principles in seeking to augment consolidation in Europe: First of all, they should achieve high efficiency and a low-cost environment; second, they should seek to reduce and avoid risk, and third, a level playing field and competition should be assured. As we all know, a number of industry groups, committees and regulators at the national and European levels have been formed to further discuss this consolidation process, and in particular, how legal and political harmonization within the European Union can be achieved.

The European Commission – perhaps Doris will tell us more about this – is currently undertaking an impact assessment of a proposed directive and is expected to deliver conclusions in early 2006. Citigroup is fully supportive of a directive if the ongoing impact assessment demonstrates the need for one. However, because, for example, existing competition law will be ineffective in the clearing and settlement industry against the abuse of dominant position during the phase of market consolidation, we need to look more closely at this issue. Competition law currently works *ex post.* One can only initiate an action after damage has been done and only if abuse can be proven. We would prefer *ex ante* legislation that requires transparency, fair access, and unbundling as a means to limit the preponderance of anti-competitive behavior in for-profit natural monopolies that compete in banking services. This is just one example of the legal harmonization that is required. In such a directive, however, there should be a general approach to insure equal access, prevent cross-subsidization, and maintain fair competition that will ensure not only lower costs but also a high level of safety for the market in the long term.

The debate on all fronts will continue. As we discuss today, there are also ongoing discussions in many other countries. However, I am a strong believer that only competitive forces can drive market changes, and that there will be further developments seen in the market arena of outsourcing services, as well as additional value added services, liquidity management and other services in the overall custody, clearing and settlement value chain. Generally, achieving a low cost, safe infrastructure for clearing and settlement is the common objective of all of us and of everyone who has a vested interest in the competitiveness of the European Union. Nevertheless, as we have learned in our discussion today, there is still some disagreement on how we can best achieve this.

Ernst Decker: Thank you Ms. Raif. It appears that between you and Mr. Schuster there is one significant point of difference. Mr. Schuster is of the opinion that higher volume will likely result in lower costs. You seem to be stressing that there is not enough competition in the market, and that more competition would result in lower costs. Is that correct?

Cornelia Raif: I believe that there is significant competition in this market, but I believe that competition is a driving force of change. Overall, I believe that I am more or less in agreement with the position that Stephan has presented, with the rejoinder that competition is always a plus.

Dr. Stephan Schuster: We now have competition for clearing and settlement services in the bond business, but not in the equity business, thus I agree with Cornelia that more competition is needed. When I trade, for example, shares of Siemens AG, I have no choice. I must clear and settle through Clearstream Banking. I cannot say that my CSD of choice is Monte Titoli. It's not possible. I have to settle through Clearstream, and that's all there is to it.

Ernst Decker: The last introductory statement will come from Ms. Doris Kolassa, of the European Commission.

Doris Kolassa: Thank you very much, Prof. Baums, for inviting me to speak. At the outset, I must make the disclaimer that only commissioners may formally speak on behalf of the European Commission. Nevertheless, I shall try to convey as faithfully as possible the position of the Commission as it has been disclosed so far.

During the last few years, the Commission has actively followed the developments in the area of clearing and settlement. We have contributed to this discussion with a number of reports and communications. The latest communication was that of April 2004. The Commission has much in common with the speakers on this panel, as its stated objectives are threefold: efficiency, safety and a level playing field. We have heard these items stressed as goals already. It is therefore the stated goal of the Commission to create an efficient and safe EU clearing and settlement system that ensures a level playing field among different providers. The Commission wants to dismantle the barriers to cross-border clearing and settlement and thus to establish a true single market for clearing and settlement. The basic goal is to make cross-border clearing and settlement as inexpensive, efficient and safe as domestic clearing and settlement of securities in the European Union already is.

However, I fully share the positions expressed by a number of my colleagues on this panel: the Commission has no intention to intervene in market developments. This means that the Commission does not favor one market model over another, and it does not want to implement any predetermined market structure. In our opinion, it is for the markets and the market participants to decide on the appropriate model. Of course, we also strongly support competition. I would like to close with a reminder that until we achieve a single market in this area, we will be unable to reap the benefits of EU growth, which efficient clearing and settlement could provide, and thus we will not compete effectively on a global scale until this goal is reached. We must keep this in mind as we discuss this issue. Also – Cornelia hinted at this – the Commission is in this year, 2005, conducting an extensive market impact assessment, and once this impact assessment has been completed – which should be towards the end of the year – our Commissioner and his colleagues will decide whether to go forward and propose a directive, and also decide the type of regulation that any such directive might entail.

Ernst Decker: My thanks to all participants on the panel. I believe that at the outset Marc Bayle indicated that he would like to ask a couple of questions. Would you please repeat them? I believe that they were for Axel and for Anso.

Marc Bayle: Yes. I would like to ask which one of you gentlemen thinks that he is in the best position to deliver a pan-European service to all euro area participants for the clearing and settlement of transactions in the euro securities market? (Laughter)

Anso Thiré: I think we need to be mindful of what Stephan Schuster said. Within the 25 European countries, there is a substantial difference between the equities and the bonds markets. In my function at Euroclear, I am responsible for relationships with most of the current member countries, and I must say that in my discussions – whether with the responsible people in Bulgaria, the Czech Republic or Poland – there is a clear distinction. When we talk about the bond markets, the issue is improving the liquidity of a local, domestic government bond by importing the interest of international brokers, specifically those of London. When you talk about the equities market, the question is usually trying to create liquidity on the local exchange, but also includes facilitating access of local investors to equities from other markets, in other words, the "link issue".

To answer your question, Marc, this means: sub-question 1, how quickly and efficiently can we build links for a certain number of markets? And sub-question 2, how easily can we do this both ways? In other words, how can we link both into the country and link from the country into a series of other countries? I wouldn't pretend that we have a better solution than anyone else. Today, we serve some 40 markets, which include non-European markets. Establishing links with those countries is very cumbersome. For example, I have personally worked more than 12 months on establishing a link in Poland, and we are not there yet. I think it's a useful example because in Poland the notion of nominee is not recognized by law, which means that assets held by a foreign investor in an account in Poland can be judicially attached with relative ease, which is just the opposite of the basic asset protection that we know in this part of the Continent. We are now proposing a law – which we literally drafted in 12 months – to be passed by the Polish Parliament. That's just one country, so you will understand that I don't have an easy answer to your question, Marc.

What I do think is a possible solution going forward, which I personally and for Euroclear support a lot, is drawing from the local interface to the extent possible, because it's the second part that – in my experience – is very, very cumbersome. I'll even take Italy – Stephan mentioned the example of Monte Titoli – as an example. People underestimate that even in a Euroclear France environment (that's part of our group) or in a CREST environment (that's also part of our group), 70% of the traffic that we do over our reporting channels is not standardized, I repeat, *not standardized!* Thus even if, in our support of the idea of a CSSI, we were to build a centralized infrastructure on local interfaces, the issue is not that I receive a certain SWIFT form in the local market, even if it's converted into a 15022 message type. Most of the reporting back to that country after we've done the link has to be reconverted, and that's why I think that there is much more work that must be done within the CSSI philosophy, which I think is the right one, on standardization to achieve effective performance. I won't bother you with all the details, but there is no easy answer, and if you were hinting whether this was the ECB, I would presumably answer "no".

Dr. Axel Nawrath: I think that it is widely underestimated sometimes that an industry in the fixed income market – and I think Stephan and Anso and the others are right – constitutes one of the most efficient segments of Europe's capital market, and that is the fixed income Eurobond market. After it came over from America and was established here in Europe in what was then the Morgan Guaranty (now Euroclear) and Cedel (now Clearstream), and then developed over the night-time bridge and the day-time bridge, and all the other functionalities we have, I think the industry provided the fixed income market the most efficient, market driven solutions available. My only fear is that the ECB – through improper estimates or more likely inappropriate regulation – might damage this valuable asset that Europe has. An ICSD is something entirely different than a CSD. That's a very important thing to remember and it's a very successful market.

My second point is that you have very different scopes of business. Euroclear has a different scope than Clearstream – we only serve as a CSD in one domestic market, and so far I am not in a position to tell you what will happen next on CSD integration. I think it has a lot to do with competition. The question is how competition can be promoted as long as there are different legal constituencies that do not follow the same rules. Anso mentioned a point in his speech that is certainly worth thinking about, and that is how can we establish a greater fungibility of collateral between the major markets? I don't think this will present an insurmountable obstacle in the European markets because all of the big financial intermediaries want to increase the cross border use of cash or collateral. That is something we should certainly think about.

Anso Thiré: You're right.

Ernst Decker: Thank you Mr. Nawrath. The discussion has focused on cost efficiency and also on safety of the systems. This morning we discussed whether individual systems are really safe from a strictly legal point of view. My question, however, is whether CSDs should be restricted solely to clearing and settlement business, or should they be able to conduct value added services such as the lending of securities or money. Should such services remain only with banks, or should – considering the cost side of the system – CSDs be allowed to provide them? What is your opinion on that?

For example, Ms. Kolassa, what would you say from a regulatory point of view?

Doris Kolassa: As long as it's safe, the Commission doesn't care. We still have to determine the risk. The fact is that CSDs and ICSDs are currently regulated differently. Certainly, they are highly regulated in each member state, but they are not regulated in the same way. An ECB study ("Governance of Securities Clearing and Settlement Systems", Occasional Paper Series no. 21, October 2004, Annex II) presents a useful tabular summary showing that some CSDs are banks, and thus hold banking licenses – and we should remember that banking activities have been at least partially harmonized by EU directives, which creates a more or less level playing field – on the other hand, banking directives are not targeted at CSD business. Further, many CSDs are not banks, but are companies or other entities. They may well be regulated in the member states, but it is uncertain if such regulation is compatible with the regulations of other member states.

Ernst Decker: So you are saying that it will be part of a European directive on securities settlement to create a level playing field with the same rules and regulations for all CSDs in Europe. Will they be regulated by bank regulators?

Doris Kolassa: Well, I don't want to dominate the discussion! I think that Marc may have a view on this as well. There has been no decision yet on whether there will even be a directive, and thus I can't tell you what would be in such a directive. On the other hand, in its communication of 2004, the Commission hinted at some ideas that could serve as the basis of a directive if it is decided that one should be adopted. One of the reasons why we release such communications is to enter into consultation with the markets and their participants, as well as the regulators of the member states. On the basis of the opinions of these parties, we begin a new round of internal discussions among the Commissioners and then decide the best way forward. This process of deciding the best solutions is not yet finished, but the Giovannini Group found 15 barriers, six of them industry related and nine in the public sector. I think that the Giovannini Group and the majority of the industry agree that we need a joint, sequenced approach. The Commission could not take a single step that would make everyone happy, so the industry must deliver its part and the public sector has to do its part as well. I think that if there were to be a directive – and this is a big "if" that will not be decided until next year – it would solve only some of the issues and one piece of the big puzzle.

Ernst Decker: What are the primary cost drivers? Let me address this question to the users of the systems, and that means Stephan Schuster and Cornelia Raif. What would you say are the main cost drivers?

Dr. Stephan Schuster: Just to make one point, or to remark on this question, I would not have a problem if someone came along and provided banking services. Competition is good for our business, and I have no issue with that. The problem is whether this "someone" has a monopolistic function in the market, such as a notary function for securities, and is likely to use this function to sell other services. This would be a problem, but it is more a problem of fair competition than of banking supervision. If it is a bank and has a banking license, I couldn't care less what service it provides, but we must then have a level playing field. The bank should, for example in Germany, comply with the requirements of the German Banking Act and be covered by the strictures of Basel II, etc., etc. If it is a fully-fledged bank, then we'll compete with it, but not through a commingling of different services: one monopolistic service that is utility driven, and on the other side some commercial businesses. This doesn't work.

With regard to cost, as I mentioned earlier, I do not want to be forced to maintain a maximum of 25 internal systems in order for my bank to be part of each of the 25 domestic markets in Europe. I don't want to have to pay for this. I would like to reduce costs without touching the risk situation and without touching efficiency. This is possible, whether by CSSI or by another means. Why shouldn't it be possible for the largest six or eight CSDs in Europe, which have 98% of the business, to open accounts for each other and allow each other to work using the CSD of choice to book cash and securities within such network? It's possible. However, as Cornelia Raif said, the empire building instinct is likely to present a problem in this regard.

Cornelia Raif: To add to Stephan's comments, I would like to address the initial question with a functional approach. I don't think it is right to look just at the institutions and go into a comparison of ICSDs and CSDs, because there are too many commingled services that are provided. Thus, we must look at the functions performed. If we have a functional approach and competition is good – as Stephan observed – there is no problem, provided that the banking services are transparent, unbundled from any clearing and settlement services, and the providers fall under the same laws and regulations as any other bank that has a banking license and does comparable business. I think that the largest issue here is to effect regulatory harmonization to manage this process. I also like another idea that Stephan touched on. I don't know how long some of you have been in this business, but years ago we used to transfer equities between banks with an old "custody account guaranty." We issued guaranties on the contents of the custody account, and we worked very well as a network. This is an old, perhaps ten years ago, arrangement, but perhaps something along these lines could improve interoperability among the CSDs. What we have already seen is excellent improvement on the liquidity side between the national banks, using nighttime links, which Clearstream has also initiated as a guaranty concept to improve liquidity. I think this might present a solution for the cross-border activity of CSDs as well.

Dr. Stephan Schuster: Just one last comment. The issue here is not allowing a little banking because the activity is attractive. Banking is a highly regulated industry, and there are very good reasons for this regulation, although my industry always claims that there is too much regulation. Banking is doing business with other people's money, and there must be clear rules and regulation on the equity capital of those who do such business. That is why I consistently focus on this issue. It's too important for the system. If someone comes along and says, "Let's offer some banking services because we can earn high margins," that is not in the public interest.

Marc Bayle: I fully share Stephan's sentiments. From the perspective of a central bank – and I think that the other central bankers in the room will agree with me – we are not in favor of mixed value functions. The functional approach to regulation is a good one. The same function should be regulated in the same way across institutions. However, all functions should not be performed by the same institutions because some functions, like the notary function, must be kept as far as possible from market risk. When we deal with securities that are dematerialized and evidenced only on the books of an institution, we cannot play around with the stability of this institution. It must be very, very stable to instill the market with confidence. When it is not possible to have a security in hand, the way its existence in the electronic records is viewed is extremely important, and the heart of the CSD should be extremely stable. Bringing in credit risk is, in my view, unnecessary, and does not seem to me to present the best way forward. Risk control measures could be devised, techniques could be installed, to help the CSD to perform its functions without brining credit risk into the balance sheet of the CSD.

Participant in the audience: I fully subscribe to the functional approach and the concept of the level playing field: banking services must be subject to the same supervision regardless of who performs them. However, Marc Bayle has added an additional concept that other safety features beyond capital requirements, risk control measures and collateral requirements would be required. This would be "regulating into the business." It would appear from the presentations given earlier in the day that sufficient measures have been and can be taken to protect the custody function of a CSD from possible credit risk. I think we have to be careful not to over-regulate out of an exaggerated fear of credit risk.

Marc Bayle: Yes, the proper extent of the regulation is something that must be considered. Please understand that I am making a distinction between the necessity to protect the notary function, the creation of the primary, original records of securities, and the settlement function, which is something different, where you might need facilities to provide securities and/or liquidity in order to smooth the settlement process. For me, these are two separate issues. However, if the same entity performs both the notary and the settlement functions, then we have to know how to address the potential risks generated by the interaction between these functions.

Doris Kolassa: If I may just add a short comment to that, I note that the Commission is also in favor of the functional approach. However, it is sometimes difficult to establish functional definitions, and a subgroup of the Commission's Clearing and Settlement Advisory and Monitoring Expert group (CESAME) is working on that, so I hope that by October we will have adequate functional definitions.

Participant in the audience: I find the idea of a CSSI – something like TARGET for securities settlement – very appealing. However, I think one reason why the TARGET system works so well is because the intermediaries are the national central banks, and there is significant trust between the members of the system. That is, the Bundesbank trusts the other national central banks, and they all trust the ECB, and are accustomed to working closely together. This makes the system work smoothly in all countries. By contrast, it appears that in the securities settlement industry there is little trust between the various competitors. Thus, although I am drawn to the appealing aspects of the CSSI concept, I fear that at this stage it may be somewhat premature. Perhaps a workable solution lies more with the type of harmonization that Ms. Raif proposed. Much of this task has to do with operating systems and software. Perhaps the Commission could propose a standard for the information that must be provided and the computer operating system to be used for securities settlement, which would allow the system to more toward a cross-border interoperability.

Dr. Stephan Schuster: In the model I presented, the national CSDs would be the points of entry to the CSSI, comparable to the national central banks. They would run the CSSI. Over time, out of this CSSI, a European institution might evolve, but this evolution would remain up to the CSDs. The advantage would be that only a dozen institutions would have to harmonize standards, and the rest of the market could use existing entry points and existing internal systems to plug into the structure. This is the advantage, and this is why it presents an alternative that should be examined somewhat more deeply.

Participant in the audience: I would like to ask a question and also make one comment. Perhaps I'll start with the comment first. I practice competition law, and I was surprised to hear from custodian banks at both this conference and on many other occasions that they are asking for *ex ante* regulation to complement what they refer to as *ex post* competition law. First of all, competition law is not just *ex post*. That is true for supervision of trade abuses, but with respect to merger control, regulators clearly exercise *ex ante* control of the market.

Why am I surprised to hear this? I have dealt with competition issues in the clearing and settlement business for a number of years. The first case I dealt with was the first Cedel transaction with Deutsche Börse a few years ago. At that time, no one in the competition agencies really knew what this clearing and settlement business was, and the merger control procedure before the Federal Cartel Office at that time took only four weeks. There were no third party interveners, and there were no questions. It just went through. Now – I can let you know in advance because you'll read about it in the papers tomorrow – the Federal Cartel Office has just approved the proposed merger between Deutsche Börse and the London Stock Exchange. Those merger control proceedings lasted six months. The entire industry was interested in seeing how this transaction would be addressed. Meanwhile, we have a huge body of case law, not only from the Cartel Office but also from the Office of Fair Trade. In addition, the European Commission has begun to enter the field. Axel Nawrath mentioned the Budapest/Vienna merger case. Thus, we do have competition law being applied to this area of the market, although I cannot comment at this time on the effectiveness of such application. The regulatory authorities are starting to learn about the industries, and I think that in a free market economy, you can only ask for *ex ante* regulation if you can clearly establish that competition law fails to remedy competition problems. You can ask for regulation for another reason, but in order to cure competition problems, you should not resort to *ex ante* solutions without first proving that *ex post* solutions would not provide a viable remedy. I think that there are signs that the competition authorities would be able to deal with this industry as they have been able to deal with related industries.

The question I would like to ask is for Mr. Thiré. In your presentation, you showed a slide on the consolidation of the CCPs in Europe. My question is how would you achieve this? What mechanics are you considering? The background to this question is the OFT decision, of which I'm sure you are aware, the LCH Clearnet case, in which the OFT clearly defined a CCP as one relevant market, not as being part of a broader clearing market, but as a special clearing market separate from the general clearing market in which services such as netting are offered. If this is one market, and you are going to consolidate the CCPs, that is to say, to merge them to create a monopoly, how can this be achieved, given that we have competition law in Europe?

Anso Thiré: I completely agree with your first statement, and I guess that the rest of the market will catch up with your view. Thank you for offering it, it's exactly right. There is no need for *ex ante* competition law. One day the entire market will understand this.

Secondly, with regard to you question on the consolidation of the CCPs, I would remark that if it were up to the users, they would want to have a single CCP. If it were to be user owned and user governed, it is clear that the same group of users that would be the future owner would happily accept the consequence of the level of scope and price regulation that would accompany the consolidation of that relevant market, as you would obviously have a dominant position in that case. The question is thus, how do the users get a hold of Eurex CCP, which is one of the Eurex business entities reported on the books of Deutsche Börse? Obviously, this is a question more for Axel than for me. In any case, the users would want this. It might prove to be too expensive, which is the point that Stephan makes and continues to make – i. e., that the users are not necessarily willing to put up a lot of capital to get what they want. That was my point. I personally believe that if the CCPs do not share open access or otherwise allow users to choose where they will settle transactions and clear positions, then they will be committing suicide. This is because the lack of freedom is costing the market so much money that it will find a solution. That is the situation that I see going forward. If they don't work together more, then the market will say that here is an alternative, and the alternative is very, very easy to do.

Ernst Decker: Are there any further questions from the audience? If not, I'll give our panelists an opportunity to make closing remarks. Would anyone like to do so? No one? Mr. Nawrath?

Dr. Axel Nawrath: I would just like to point out that we only run a CSD for one domestic market, and in this domestic market, settlement on the exchange-traded equity side is absolutely not an issue. About 95% of the trades on the Frankfurt Stock Exchange are netted in the CCP system. As a result, I don't see the CSD in Germany causing any risk problems. Secondly, I think it is entirely safe. For the domestic market, it uses central bank money, and thus even in the abstract case of insolvency, settlement would occur. Even if the CSD were to face operational problems, this would not alter the legal situation for either the holders or the issuers of securities. From our perspective, the CSD in a market like Germany present absolutely no problem in terms of risk.

The business model of an ICSD is different to a CSD. I agree that if you run an ICSD by providing credit services beyond settlement, whether on equity or on the bonds side, you should fulfill the requirements related to credit risk management you need to run a bank. You should fulfill Basel II or its national implementation. That's simply the way it is – if you provide a regulated services you should have to comply with the concerning regulations. I do not think that this should lead to double regulation for that. If a CSD wanted to provide banking services, I think that there is broad agreement among all that this should only be possible if it fulfills the requirements of banking law regulation. As Anso said, we have to look at CCPs. A CCP is mainly principal business. A CCP is a risk taker. It takes counterparty risk. It cannot be compared to a CSD. As I said in the beginning, more intelligent solutions are needed to optimize collateral allocation by making them more fungible, and this is something that we should try to work on. This has nothing to do with the policy discussion of either settlement, post-trade, CSDs, or ICSDs. It is probable that improved links between CSDs and CCPs could facilitate cross margining so to use collateral from more than one legal constituency. I believe that this is something that will be debated in the future.

Anso Thiré: I really don't have a closing remark, but a request for you, our hosts and our audience from the university. When I was invited to speak here at this famous Institute for Law and Finance, I decided to give you not so much a presentation of the Euroclear business model as a forward looking view on the market and the industry. There is an unbelievable difference in the level of understanding of our industry in European universities compared to where we are in the United States. We need to bridge that gap. I would urge that the industry or the universities take more interest. I am not aware of any specific course on clearing and settlement in any university across Europe. The only courses given at that level are private courses. This industry employs almost 250,000 people, yet no university course that I am aware of even slightly delves into an understanding of how this market works. No market capital flow analyses have been performed, as should be done to support this industry. Economic modeling of the competitive aspects of the industry is only now starting to bubble up in the Bank of Finland; this University prepared a very good paper about two years ago, but we don't do enough of those. I don't know how to organize that, but please note that we at Euroclear are a definite buyer of resources in that field, because we don't have those. We have no one in our company who even has the beginnings of an understanding of how to interpret capital flows. We desperately need help from university research on this industry, and I don't see it happening at this stage. So, thank you for inviting me, and now I return the ball to your court!

Bei Fragen zur Produktsicherheit wenden Sie sich bitte an:
If you have any questions regarding product safety,
please contact:

Walter de Gruyter GmbH
Genthiner Straße 13
10785 Berlin
productsafety@degruyterbrill.com